BAUMANN UND CLAUSEN

TATORT BÜRO

ODER

DAS PHANTOM MIT DEM STEMPELKARUSSELL

JEDE – WIE AUCH IMMER GEARTETE – ÄHNLICHKEIT MIT LEBENDEN PERSONEN, DEREN POLITISCHEN UND RELIGIÖSEN ANSCHAUUNGEN, KULINARISCHEN VORLIEBEN ETC. IST VOLL BEABSICHTIGT, GENAU SO GEMEINT, IN JEDEM FALL KEIN ZUFALL UND EIN GROSSER, VOLL BEABSICHTIGTER FAUXPAS!

LAPPAN

INHALT

PROLOG

JEDE STADT in unserem schönen Land hat etwas, wofür sie berühmt ist und worum sie beneidet wird. Frankfurt ist bekannt für Würstchen, Lübeck für sein Marzipan und Buxtehude, weil dort der große Zauberer Petrosilius Zwackelmann aus dem Räuber Hotzenplotz sein Unwesen trieb. Karlsruhe kennt man wegen der Richter und Weimar wegen der Dichter. Neddelhastedtfeld, die Heimatstadt von Hans-Werner Baumann und Oberamtsrat Alfred Clausen, hält dagegen den Bürokratieweltrekord und hat es damit sogar ins Guinnessbuch der Rekorde geschafft. In Neddelhastedtfeld gibt es mehr Beamte als zu verwaltende Bürger und darüber hinaus unfassbar viele Bowlingbahnen. Auf 100 Einwohner kommt statistisch gesehen eine Bowlingbahn. Was ganz einfach daran liegt, dass Oberamtsrat Alfred Clausen, der Bauamtsleiter von Neddelhastedtfeld, eine fanatische Schwäche für diesen Sport hat. Wer in Neddelhastedtfeld bauen will, muss eine Bowlingbahn sponsern. Doch nicht nur das: Alle Straßen in Neddelhastedtfeld sind einer Bowlingbahn nachempfundene Einbahnstraßen. Sie gehen strikt geradeaus, haben an den Seiten links und rechts 20 Zentimeter tiefe Gräben statt Bürgersteige, und am Ende einer jeden Straße stehen zehn Poller, die wie Bowling-Pins aussehen. Das dadurch täglich verursachte Verkehrschaos nimmt Oberamtsrat Alfred Clausen gerne in Kauf, schließlich wohnt er mit seiner Frau Ella und seinem Sohn Timmi nur rund 55 Meter fußläufig vom Rathaus entfernt. Natürlich – wie sollte es anders sein – über einer Bowlingbahn.

Neddelhastedtfeld ist DAS Bowlingparadies auf der Welt. Dafür gibt es in der ganzen Stadt keine Fußgängerzone, keinen Marktplatz, keine Kirche, kein Museum, kein Theater, kein Schwimmbad und keinen Sportplatz. Durch die zusätzlich ungünstige geographische Lage, direkt an der Autobahn 217 von Stillackermoor nach Tollbeckerburg, fehlen Neddelhastedtfeld Parks, Wälder, Seen und Berge. Dafür hat die Stadt neben der ausgeprägten Bowlingkultur 73.000 Verkehrsschilder. Allein die Tempolimits wechseln in Neddelhastedtfeld durchschnittlich alle drei Meter. Dass der Schwager des Oberamtsrates mit seinem Unternehmen rein zufällig Verkehrsschilder produziert, steht natürlich in keinem Zusammenhang. Außerdem hat Neddelhastedtfeld eine Sage zu bieten. Eine Sage, die sich bis heute weit über die Grenzen hinaus wie ein Lauffeuer verbreitet hat. Es ist die Erzählung vom gewissenlosesten und spitzbübigsten Rathausdieb, den die bürokratische Kriminalgeschichte kennt, und der in Neddelhastedtfeld vor langer Zeit im Rathaus sein Unwesen trieb.

DIEB EHRENFRIED

DER WINTER war vorbei. Die ersten Strahlen der März-
sonne hatten den Schnee tauen lassen, und man konnte ihn auf
dem Rathausvorplatz endlich wiedersehen: den ganzen Müll.
Coladosen, Kornflaschen, Mc-Donald's-Pappen und sogar die
ein oder andere Akte, die während des langen Arbeitsjahres
vor lauter Wut aus dem Fenster gefeuert worden war.
Eigentlich fing die Geschichte ganz harmlos an. Es fiel den
Beamtenkollegen zuerst gar nicht auf. Doch es verschwan-
den immer mehr Dinge aus den Büros. Waren auch nur
Kleinigkeiten: Mal fehlte ein Computer, mal war ein Faxge-
rät verschwunden. Erst als auch der neue Geldautomat in der
Empfangshalle fehlte und Alfred Clausens neue Käffchenmaschine quasi wie vom Erdboden verschluckt war, wurden
Hans-Werner und Alfred als Ermittler aktiv.
Die beiden rätselten einen ganzen Arbeitstag lang, von mor-
gens halb zehn bis mittags halb zwölf, wer hinter diesen
Unregelmäßigkeiten stecken könnte. Jeder von ihnen hätte
es sein können, und jeder von ihnen hatte ein so gutes Alibi, dass er es nicht war – Urlaub. Irgendwann begannen alle
wild zu spekulieren, und es traf zum Schluss den ältesten Kollegen – Ehrenfried Schmielkenbach, den Leiter des hiesigen
Finanzamtes. Der alte Ehrenfried Schmielkenbach! Er war
der Dieb, da waren sich Hans-Werner Baumann und Alfred
Clausen ganz sicher. Schmielkenbach hatte sich nämlich einst
mit seiner doppelten Doppelhaushälfte total übernommen.
Fußbodenheizung auf dem Balkon, zwei Waschbecken im
Badezimmer, aber auch zwei Klos und zwei Badewannen, ein

40.000 Quadratmeter großer Garten mit einer 18-Loch-Minigolfanlage – das konnte einfach nicht gutgehen, da waren sich Baumann und Clausen von Anfang an sicher. Alfred hatte damals im hauseigenen Wettbüro in der Kantine 100 Euro auf Privatinsolvenz Schmielkenbachs innerhalb von zwei Jahren gesetzt, und nun war sein Hauptgewinn zum Greifen nahe. Außerdem verdiente sich Schmielkenbach während der Dienstzeit bei eBay ein paar Tausend Euro dazu, um seinen Kredit fürs Haus abstottern zu können. Der Finanzamtschef war regelrecht eBay-süchtig. Er ging sogar zu Beerdigungen, um den Hinterbliebenen anzubieten, den Nachlass zu verschleudern. Und einmal wäre beinahe sogar der gesamte Sarg mit Inhalt unter den Hammer gekommen. Während Alfred und Hans-Werner also ihren Gedanken freien Lauf ließen, durchzuckte es sie plötzlich wie ein Blitz. Hans-Werner Baumann schaute erst Alfred Clausen an und dann auf seine Uhr.

Hans-Werner: *Oh Mensch – in einer Minute muss ich meine Gertrud zu Hause anrufen!*

Alfred: *Dein tägliches Telefonat verstehe ich nicht, HaWe! Du musst deine Frau auch mal warten lassen ...*

Hans-Werner: *Ich lasse meine Gertrud niemals warten. Sie ist doch mein hübsches Reh!*

Alfred: *Na, das Reh möchte ich nicht im Abblendlicht sehen ...*

Hans-Werner Baumann ignorierte den unverschämten Spruch Alfred Clausens und wählte die Nummer seiner Frau ... doch nichts passierte.

Hans-Werner: *Komisch ... Gertrud geht nicht ran?*

Alfred: *Sei doch froh.*

Hans-Werner: *Sie geht sonst immer um viertel nach acht ans Telefon.*

Alfred: *Vielleicht will sie heute zum Frühstück einfach mal kein Weichei.*

Hans-Werner: *Vielleicht hat sie das Telefon einfach nur nicht gehört.*

Er wählte erneut seine Festnetznummer. Da sein Handy auf „Mithören" gestellt war, konnten alle dem häuslichen Anrufbeantworter lauschen.

HALLO, HIER IST DER AUTOMATISCHE ANRUFBEANTWORTER VON GERTRUD, HANS-WERNER, DACKEL PAULE UND NYMPHENSITTICH FRIEDHELM. WIR SIND LEIDER NICHT ZU HAUSE. WIR FREUEN UNS ABER ÜBER EURE NACHRICHT, EIN MUNTERES WAU-WAU ODER FIEP-FIEP-FIEP.

Hans-Werner: *Das gibt's doch nicht. Wo steckt die denn? Ich versuch es jetzt noch mal auf ihrem Handy.*

Hans-Werner wählte die Handynummer seiner Frau. Aber das Handy war ausgeschaltet.

Alfred: *Die macht sich einfach nur 'nen netten Tag, Hans-Werner. Mach dir da mal keine Sorgen. Ella war auch mal verschwunden. Und als mir das nach vier Tagen erstmals aufgefallen war, stand sie auch schon wieder vor der Tür. Frauen sind wie Wellensittiche. Wenn du den Käfig nicht richtig verriegelst, dann fliegen sie raus auf den nächsten Baum, erfrieren, fallen auf die Straße und werden vom Lkw überfahren. So, und nun mach dir mal keinen Kopp, schließlich seid ihr ja auch gut versichert.*

Hans-Werner: *Wie kann man nur so unsensibel sein?*

Plötzlich schöpfte HaWe Hoffnung. In Alfreds Büro klingelte das Telefon. War es Gertrud? Er stürzte sich auf den Hörer.

Hans-Werner: *Bist du es, Hase?? Ach, hallo Ella.*

Hans-Werner schaute enttäuscht zu Alfred und gab ihm ein Zeichen, dass seine Frau Ella am Telefon war. Zögerlich nahm Alfred den Hörer.

Alfred: *Ella, was ist? Das hattest du beim Frühstück nicht erwähnt, dass du zu Hause heute noch Strom brauchst. Die Sicherungen dreh' ich erst heute Abend wieder rein.*

Hans-Werner: *Kann ich Ella auch noch mal sprechen ...?*

Alfred gab Hans-Werner den Hörer und suchte in seiner Hosentasche nach einer Sicherung. Um die Stromrechnung zu Hause unter Kontrolle zu halten, hatte Alfred sich angewöhnt, jeden Tag die Hauptsicherung aus dem Elektrokasten mit auf Arbeit zu nehmen.

Hans-Werner: *Hallo Ella, hier ist Hans-Werner. Sag mal, hast du zufällig was von Gertrud gehört? Du erreichst sie auch nicht? Okay. Ja, danke. Tschüs Ella. Puh, ich brauch erst mal 'n Beruhigungs-Käffchen.*

Alfred: *BINGO.*

Die beiden Freunde prosteten sich mit ihren Käffchentassen zu. Dennoch beschlich sie ein komisches Gefühl. Gab es zwischen den Diebstählen und dem Verschwinden von Hans-Werners Frau einen Zusammenhang? Hans-Werner konnte sich kaum auf das weitere Männergespräch konzentrieren.

Alfred: *Schau mal, was hier in der Zeitung steht. Jedes Jahr verschwinden in Deutschland 1.200 Menschen spurlos. Mit steigender Tendenz.*

Hans-Werner: *Das mag ich heute Morgen gar nicht hören.*

Hans-Werner schaute verzweifelt auf sein Handy in der großen Hoffnung, Gertrud könnte es dort probiert haben.

Alfred: *Hans-Werner, deiner Frau wird schon nichts passiert sein. Hilf mir lieber Schmielkenbach dingfest zu machen. Die Diebstähle hier im Rathaus müssen ein Ende haben.*

Hans-Werner: *Bist du überhaupt sicher, dass es Schmielkenbach war?*

Alfred:	*Sagen wir so, es wäre toll, wenn ER es wäre, dann könnten wir uns endlich wieder auf das konzentrieren, worum es hier im Rathaus grundsätzlich geht.*
Hans-Werner:	*Nichtstun?*
Alfred:	*BINGO.*

Hans-Werner und Clausen steigerten sich gemeinsam mit ihren Kollegen so sehr darein, dass für alle klar war: Schmielkenbach musste der Dieb sein. Auch die Kollegen im Finanzamt wussten, dass ihre Kollegen das vermuteten. Aber alle taten Schmielkenbach gegenüber natürlich so, als ob sie es nicht vermuteten, und die Finanzamtfuzzis wiederum immer so, als ob sie glaubten, dass ihre Kollegen es nicht vermuteten. Aber natürlich wussten alle genau, dass alle es vermuteten. Also vermuteten es alle.

Hans-Werner:	*Aber keiner hat ihn zur Rede gestellt! Wieso eigentlich nicht?*
Alfred:	*Weil dann womöglich rausgekommen wäre, dass er es NICHT war und dann hätten wir noch mal ganz von vorne beginnen müssen. Und weil ein geklauter Computer auch nicht wirklich ein Problem darstellt. Wird eben bei der Materialausgabe ein neuer geordert. Oder am besten gleich zwei, damit, wenn einer fehlt, sofort ausgetauscht werden kann. Noch besser sind natürlich drei Computer ...*
Hans-Werner:	*Warum das?*
Alfred:	*Werden gleich zwei Rechner auf einmal geklaut, hast du noch einen dritten!*

Hans-Werner: *Aha.*

Alfred: *Und DEN kannst du dann privat verkaufen!*

Beide mussten herzhaft lachen.
Alfred zeigte sich übrigens bei dieser neuen Form der Materialbeschaffung besonders ehrgeizig. Obwohl der Verdächtige Schmielkenbach nur seine heißgeliebte Käffchenmaschine entwendet hatte, bestellte der Oberamtsrat sich bei der Materialausgabe sicherheitshalber eine komplett neue Büroeinrichtung ... natürlich privat und für zu Hause.

Clausen: *Inklusive Chefsessel mit Sitzheizung,*
Airbag und aus feinstem Leder ...

Hans-Werner: *... vom Faultier!*

In diesem Augenblick klingelte HaWe's Telefon. Gertrud meldete sich zurück. Sie war mit ihren neuen High Heels ...

Alfred: *... ich sage immer: Sieht aus wie „Schwein*
auf Antenne"... HIHIHIHIHIHI

Sie war also mit ihren neuen High Heels in einem Gullideckel steckengeblieben und musste von der Feuerwehr Neddelhastedtfeld befreit werden.

Alfred: *Aus genau diesem Grund trägt meine Ella immer*
nur Gummistiefel.

Hans-Werner: *Und bei feierlichen Anlässen?*

Alfred: *Gummistiefel in Schwarz!*

DIE STEMPEL DER MACHT

DER NÄCHSTE Morgen. Müde betrat Oberamtsrat Alfred Clausen sein Bauamtsbüro, streckte sich, gähnte und rieb sich die Augen. Was er dann sah, konnte er einfach nicht glauben. Der gesuchte Langfinger hatte nicht nur den gesamten Oberamtsratsschreibtisch ohne Stuhl, den Computer, den Monitor und den Tresor mitgehen lassen. Er hatte Alfred um die Insignien seiner Macht gebracht. Das von Bauamtsleitergeneration zu Bauamtsleitergeneration vererbte, einzigartige, achtteilige Stempelkarussell war in die Hände eines Ganoven geraten. Was für einen Hausmeister sein Schlüsselbund ist, sind für einen Versicherungsvertreter seine Finanztricks, für einen Arzt die Golfschläger und für Alfred sein Stempelkarussell. Die Stempel der Macht! Sollten sie tatsächlich in die falschen Hände geraten sein, Clausen wäre als Oberamtsrat erledigt gewesen: ein Nichts, ein Niemand ... ein Loser!

Clausen: *... um es auf den Punkt zu bringen: ein zweiter Hans-Werner Baumann!!!*

Sofort klopfte Alfred an Hans-Werners Bürotür im Passamt. Mit gesenktem Blick schlurfte er wie ein geprügelter Hund über den grauen Linoleumfußboden, setzte sich auf den Stuhl vor seinem Schreibtisch und sagte mit zittriger Stimme ...

Clausen: *... Käffchen?*

Dass auf dem Stuhl vor Hans-Werners Schreibtisch noch ein Antragsteller saß, der gerade seinen Reisepass verlängern wollte, störte Alfred nicht. Erst nach drei Käffchen und vier Espressi gelang es dem Passamtfuzzi endlich seinen Amtsfreund anzusprechen. Er schluchzte leise in sich hinein, stammelte immer wieder das Wort „Stempelkarussell". Der Antragsteller unter Alfred röchelte hingegen: „Steh endlich auf", doch der Oberamtsrat rührte sich nicht von der Stelle.
So etwas wie Verzweiflung machte sich im Passamt breit. Hätte Hans-Werner seinen Freund und Kollegen mit roher Gewalt vom Stuhl ziehen sollen? Vielleicht den Bürgermeister rufen? Oder gar die Polizei? Hans-Werner überlegte eine vegane Leberwurststulle lang, bis ihm die erlösende Idee kam. Er stellte Alfreds Tasse mit frischem Käffchen einfach aus dessen Reichweite. Wie von Geisterhand gezogen stand der Oberamtsrat auf, um sich die Tasse zurückzuholen. Diesen Moment nutzte der völlig geplättete Antragsteller endlich zur Flucht.

Clausen: *Ich kann mich noch daran erinnern, dass Hans-Werner mir in dieser schwersten Sekunde meines Lebens den freundschaftlichen Tipp gab, nun doch endlich den Hauptverdächtigen Schmielkenbach vor versammelter Mannschaft zur Rede zu stellen! Wo hätte ich das besser tun können, als in der Rathauskantine ...*

Wie James Bond 007 stürmte der Oberamtsrat durch die gläserne Kantinentür. Leider vergaß er sie vorher zu öffnen ... Superwichtig saß Schmielkenbach am Stammtisch vom Finanzamt, mit einer grauen Fliege um den Hals und einer toten in seiner Tomatencremesuppe, mit Crème-fraîche-Häubchen und frischen Gartenkräutern, für 65 Cent der Teller. Clausen schrie Schmielkenbach wie von Sinnen an.

Clausen: *Wo ist mein Stempelkarussell?*

Seine Stimme hallte druckvoll von den Wänden zurück in den Raum.

Schmielkenbach: *Was für ein Stempelkarussell?*

Der Chef des Finanzamtes trug dabei ein betont ahnungsloses Gesicht zur Schau. Natürlich ließ der Oberamtsrat nicht locker und sagte den alles entscheidenden Satz.

Clausen: *Du weißt genau, welches Stempelkarussell ich meine!*

Für seine Schlagfertigkeit wurde der Oberamtsrat schon seit jeher immer von allen bestaunt. Auf ein „Was für ein Stempelkarussell denn?" mit einem „Du weißt genau, welches Stempelkarussell ich meine!" zu antworten, das ist richtig, richtig bescheuert. Denn nur mit weiteren Fakten hätte Alfred Schmielkenbach aus der Reserve locken können.

Clausen: *Mein Stempelkarussell ist verschwunden, und ich weiß, dass du da deine wurstigen Finger im Spiel hast!*

Triumphierend sah sich der Oberamtsrat in der Kantine um; er fühlte, dass er seinen Gegenspieler in die Enge getrieben hatte. Doch mit lockerer Geste und mit einem frechen Grinsen im Gesicht erwiderte Schmielkenbach: „Dein Hosenstall ist offen."

Mann, war das peinlich. Mit hochrotem Kopf und wutschnaubend rang der Oberamtsrat nach Luft. Jeder in der Kantine kontrollierte plötzlich den eigenen Hosenstall, und noch nie wurden in der Geschichte des Rathauses Neddelhastedtfeld so viele Reißverschlüsse gleichzeitig hochgezogen wie in diesem Moment.

Alfred hätte heulen können. Und er hat geheult. Wie ein Schlosshund. Denn schließlich erfuhr er in diesem heiklen Augenblick der Niederlage, dass Schmielkenbach ein wasserdichtes Alibi hatte. Er war schon seit etlichen Tagen nicht mehr im Rathaus gewesen. Er steckte mitten in einer Steuerprüfung beim örtlichen Möbelfabrikanten Hofberg-Kalmen. Seine intrigante Finanzamtsbagage konnte das zu Alfreds Ärger auch noch bezeugen. Der Oberamtsrat war jetzt richtig sauer! Mit eingezogenem Schwanz und hochrotem Kopf ... umgekehrt wäre es peinlich gewesen ... trat Alfred den Rückzug an.

DER VERSCHLOSSENE SCHRANK

AM NÄCHSTEN Tag hängte Alfred seinen grünen Lodenmantel wie jeden Tag an den goldenen Haken neben dem Aktenschrank mit der grau schimmernden Käffchenmaschine und setze sich auf seinen im Büro verbliebenen Schreibtischstuhl. Mit umständlichem Griff fingerte er das Butterbrot aus seiner Aktentasche heraus, ohne die Verschlussschnallen der Tasche zu öffnen. Nachfolgend musste sein Freund HaWe ihm dabei helfen, seinen völlig verklemmten Arm aus der Aktentasche zu befreien. Alfred nahm sein Butterbrot, biss von ihm ab und begann mit der Lektüre der Tageszeitung.

Er wunderte sich. Keine Schlagzeile über den ominösen Langfinger? Nicht einmal ein kleiner Bericht? Sollte der Schurke, der hier alle um ihren gerechten Büroschlaf brachte, seine Beutezüge durchs Rathaus beendet haben? Clausen atmete tief durch, lehnte sich entspannt zurück und merkte nicht, dass er dabei mit seinem Hinterkopf den roten AN/AUS Kippschalter der Käffchenmaschine in Gang setzte. Tröpfchen für Tröpfchen lief das dampfende Lebenselixier durch den Filter. Und als er zehn Minuten später sein erstes Käffchen des Tages genießen wollte, merkte er, dass etwas sehr Wichtiges fehlte: die gläserne Auffangkanne. Eine Käffchenpfütze, so groß wie der Bodensee, hatte sich unter seinem Schreibtisch ausgebreitet. Jeder Rettungsschwimmer wäre verloren gewesen.

Mit Wisch-und-Weg-Papier – so wie hier im Rathaus noch nicht bearbeitete Anträge heißen – machte Alfred sich daran, die Überflutung trockenzulegen. Ganze 20 Bauakten waren dafür notwendig gewesen. Es klopfte an Alfreds Tür.

Alfred: Herein, wenn's kein Fuzzi ist.

Hans-Werner: Alfred, du siehst blass aus.

Alfred: Ich habe heute Nacht kein Auge zugemacht. Was, wenn mein Stempelkarussell in die Hände eines Baulöwen fällt, der all seine Bauprojekte selbst genehmigt?

Hans-Werner: Und was, wenn er es bereits einfach weggeworfen hat, weil er keinen Wert in ihm erkennt?

Alfred: Ich würde so gerne ein wenig entspannen, Hans-Werner, magst du mir nicht eine Geschichte erzählen?

Hans-Werner: Eine Gute-Nacht-Geschichte?

Alfred: Nein, einfach eine Geschichte von dir. Die sind immer so herrlich langweilig. Vielleicht die, wie du deine Frau Gertrud kennengelernt hast?

Hans-Werner: Im Büro!

Alfred: Wie bitte? Hier im Passamt?

Hans-Werner: Ja, hier im Passamt.

Alfred: Hatte sie ihren Kinderausweis beantragt?

Hans-Werner: Nein, ihren Personalausweis.

Alfred: Aber den kriegt man doch erst ab 1 Meter 50.

Hans-Werner: Alfred! Den kriegt man ab 16. Und sie war damals 22. Und es war Liebe auf den ersten Blick!

Alfred: Ihr habt euch ernsthaft bei der Ausweisbeantragung kennengelernt?

Hans-Werner: *Ja, ich weiß, klingt nach Klischee. Krankenschwester und Arzt, Stewardess und Pilot, Antragstellerin und Beamter.*

Alfred: *Dann warst du ja bei der Ausstellung des Persos voreingenommen! Hattest du ihre Daten überprüft?*

Hans-Werner: *Nee, ich war total schüchtern und von ihrer Schönheit geblendet.*

Alfred: *Du hast ihr einfach so einen Ausweis ausgestellt? Auf Zuruf?!*

Hans-Werner: *Yup!*

Alfred: *Du hast nicht mal ihre Körpergröße überprüft?*

Hans-Werner: *Ähm ... doch – etwa vier Wochen später ... als wir das erste Mal zärtlich miteinander waren.*

Alfred: *Wie bitte??*

Hans-Werner: *Da hab' ich sie vermessen.*

Alfred:: *Was? Im Bett??*

Hans-Werner: *Ich glaub, sie fand das auch komisch, aber sie dachte, das gehört zu meinen erotischen Vorlieben.*

Alfred: *Dass du deine Frau im Bett vermessen willst?*

Hans-Werner: *Ja, bis heute habe ich immer einen Zollstock auf meinem Nachttisch liegen. Damit das nicht auffliegt ...*

Alfred: *Herrje ...*

Hans-Werner: *Seit diesem Augenblick sind wir jetzt 25 Jahre ein Herz und eine Seele. Und ich habe nie fremd geflirtet.*

Alfred: *Ich flirte jeden Tag.*

Hans-Werner: *Ernsthaft? Was sagt denn Ella dazu?*

Alfred: *Ella weiß ja, dass sie einen echten Frauenschwarm zum Mann hat.*

Hans-Werner: *Ist sie gar nicht eifersüchtig?*

Alfred: *Ach, i wo – sie sagt immer: Das Geheimnis einer glücklichen Ehe besteht darin, sich zu verzeihen, dass man einander geheiratet hat.*

Hans-Werner: *Verstehe ... darf Ella denn auch mit anderen Männern flirten?*

Alfred: *Grundsätzlich schon. Aber das macht ja kein Typ ...*

Hans-Werner: *Wie, das macht kein Typ?*

Alfred: *Die können doch alle rechnen!*

Hans-Werner: *Wie meinst du das?*

Alfred: *Na ja – meine Süße braucht 140 Euro im Monat auf'n Quadratmeter, um ihr Feinkostgewölbe zu pflegen. Allein für Lebensmittel!*

Hans-Werner: *Feinkostgewölbe?!?*

Alfred: *So nenn ich immer ihren wunderschönen Körper.*

Hans-Werner: *Oh Mann. Du berechnest die Lebenshaltungskosten für deine Ella also in Quadratmetern?*

Alfred: *Das muss ich auch! Ella war neulich zwei Wochen auf Diät. Das Einzige, was sie verloren hat, sind 14 Tage!!*

In diesem Augenblick schoss Hans-Werner Baumann eine Frage durch den Kopf.

Hans-Werner: *Gibt es für das Stempelkarussell eigentlich keinen Ersatz?*

Alfred: *Doch schon. Ich hatte mal Ersatz, aber ich weiß nicht, wo der ist.*

Intuitiv starrte Hans-Werner den antiken Aktenschrank an, der neben den offenen Regalen im Büro des Oberamtsrates stand. Er ging auf ihn zu, wollte ihn öffnen, aber er war verschlossen.

Hans-Werner: *Was ist hier drin?*

Alfred: *Wo?*

Hans-Werner: *Na, in dem alten Aktenschrank?*

Alfred: *Weiß nicht ...*

Hans-Werner: *Hattest du den alten Schrank schon jemals geöffnet?*

Alfred: *Nope.*

Hans-Werner: *Gibt es einen Schlüssel?*

Alfred: *Im geklauten Schreibtisch. Aber, was soll da schon drin sein? Auch Akten ...?*

Hans-Werner: *Vielleicht dein Ersatzset 'Abgelehnt'-Stempel?*

Hans-Werner regte seinen Freund Alfred an, so gut er konnte.

Hans-Werner: *Also: Was ist in dem Schrank? Versuch dich zu erinnern!*

Alfred: *Hans-Werner, ich bin Oberamtsrat! Ich habe keine Zeit, mich um alte Aktenschränke zu kümmern. Ich leite hier ein modernes Bauamt. Weißt du, was für eine unglaublich komplexe Verantwortung das ist? Ich entscheide über Existenzen. Wenn ich will, dass DU kein Dach über dem Kopf hast, dann hast DU kein Dach über dem Kopf!*

Hans-Werner: *Hast mich damals auch ganz schön sitzen lassen ...*

Alfred: *Womit?*

Hans-Werner: *Mit meiner Baugenehmigung. Zwei Jahre musste ich mit Gertrud bei meiner Schwiegermutter in der Bettritze schlafen.*

Alfred:	*Jetzt komm' mir nicht mit solch ollen Details, Hans-Werner. Von mir aus können wir den doofen Schrank mit Gewalt öffnen.*
Hans-Werner:	*Prima, ich hole schnell Werkzeug …*
Alfred:	*Ruhig! Alles hat seine Zeit. Vielleicht morgen. Oder übermorgen. Oder nächste Woche …!*

Hans-Werner konnte es nicht fassen: Alfred Clausen konnte auch in so einem wichtigen Moment seine Faulheit einfach nicht besiegen. Aber der Fuzzi wusste: Druck hat beim Oberamtsrat noch nie etwas bewirkt. Und ohne Schreibtisch nicht zu arbeiten, auch nicht. Allerdings mit Schreibtisch nicht zu arbeiten ist auch so gut wie unmöglich, aber eben nur so gut wie. Hier würde wenigstens die Möglichkeit bestehen, nicht arbeiten zu können. Ohne Schreibtisch hingegen besteht die Möglichkeit der Möglichkeit erst gar nicht, und das macht das Mögliche leider völlig unmöglich. So setzte Alfred sich, zu Hause angekommen, in seinen Lehnsessel, legte die schwitzigen Füße auf Ellas Kopfseite vom Sofa und genehmigte sich auf den Schock ein kurzes, vierstündiges Nachmittagsnickerchen.

BAU-BOOM IN NEDDELHASTEDTFELD

EINEN TAG später, am Mittwoch, ließ sich der Oberamtsrat wie immer in aller Herrgottsfrühe, Punkt 10.37 Uhr, von seiner Ehefrau Ella wecken. Er spürte gleich, dass etwas Unheimliches in der Luft lag. Die Erdbeermarmelade schmeckte nach Himbeeren, das Schwarzbrot nach Graubrot und die Butter nach Margarine. Das Käffchen war lauwarm, die Milch sauer, und der Joghurt schmeckte nach Mayonnaise – was sich beim letzten Löffel leider auch bestätigte.

Alfred rief den Fahrdienst an. Er ließ sich standesgemäß in einer gepanzerten Limousine abholen und mit Polizeieskorte ins Rathaus fahren. Viele denken jetzt vielleicht, der Oberamtsrat übertreibt. Aber ihm war seine eigene Sicherheit diesen Aufwand eben wert. Schließlich hört man ja immer wieder von Verrückten, die Autos von großen Persönlichkeiten in die Luft jagen. Da Alfred Clausen in Neddelhastedtfeld als große Persönlichkeit eingestuft wurde, zumindest von ihm selbst, scheute er keine Kosten und Mühen, sein eigenes Leben zu schützen. Allein dafür stellte die Stadt jedes Jahr 150.000 Euro im Haushalt zur Verfügung, ohne dass es jemals auch nur eine Drohung gegen Alfred Clausen gegeben hätte. 150.000 Euro für nichts, wenn das nicht für eine große Persönlichkeit spricht ...

Alfred traute auf dem Weg zum Rathaus seinen Augen nicht. Mehrere gigantische und qualmende Großbaustellen bauten sich vor ihm auf und ließen sein mulmiges Gefühl im Bauch noch mulmiger werden.

Nur mit seinem verschwundenen Stempelkarussell war es möglich, etwas derart Gewaltiges zu genehmigen. Er selbst konnte diese Großbaustellen niemals genehmigt haben, darüber war sich der Oberamtsrat so sicher wie über die Tatsache, dass ein Beamter nicht gekündigt werden kann, solange er lediglich silberne Löffel klaut.

Mit weit geöffnetem Mund und Tränen in den Augen nahm Alfred die neue Entwicklung in Neddelhastedtfeld zur Kenntnis. Was hätte er auch tun sollen? Kein Stempelkarussell. Kein Baustoppstempel. Ihm waren die Hände gebunden. Er fühlte sich in diesem Augenblick zum ersten Mal in seinem Leben wie ein x-beliebiger Mitarbeiter aus der freien Wirtschaft, der Druck spürt, wenn er nicht funktioniert. Zum Beispiel wie der Mitarbeiter Johann Meier:

Jeden Tag 13 Stunden im Büro. Überstunden ohne Ende ... Urlaube nicht genehmigt bekommen. Jeden Tag Stress mit dem Chef. Nichts passt dem, nix macht Johann richtig. Dann mit Mitte 40 der erste Burn-out! Frau weggelaufen. Haus verkauft. Kind will nix mehr von ihm wissen. Weitergemacht. Gesundheit ignoriert, noch mehr Stress, Nachtschichten, Tagschichten, alles für die Firma. Dann mit 55 Jahren Magengeschwür, sechs Wochen Krankenhaus. Wieder in die Firma. Neuer Chef, noch schlimmer als der alte. Noch mehr Überstunden, Dienste an Feiertagen, nächster Burn-out. Die Firma geht pleite, wird von einem Investor übernommen. Dritter Chef, der schlimmste von allen, Choleriker. Johann fängt das Rauchen an. Er wäscht sich nicht mehr, schläft im Büro. Gehaltskürzung, trotz Überstunden. Red Bull statt Wasser. Dann Herzkammerflimmern ... kippt um ... er ist 59 ... hat mit dem Leben abgeschlossen, endlich hat das Grauen im Büro ein Ende ... träumt vom Paradies, Johann sieht das ewige Licht ... klinisch tot ... er öffnet die Augen ... sieht den lieben Gott ... nein, es ist nicht der liebe Gott! So ähnlich! Es ist ein Gott in Weiß. Es ist Chefarzt Prof. Dr. Karl-Ernst Schnitthagen. Der lächelt und sagt: „Wir haben Ihnen ein neues Herz eingepflanzt. Nächste Woche können sie wieder ins Büro!"
Alfreds chinesisches Sternzeichen an diesem Tag war schlicht und einfach: das arme Schwein.
Hans-Werner Baumann hatte großes Mitleid mit seinem Oberamtsfreund, den das Glück über Nacht verlassen hatte. Mehr noch: Es hatte ihm nach Strich und Faden die Zunge rausgestreckt.
Und wieder einmal musste man dem völlig unbekannten Neddelhastedtfelder Philosophen Hartmut Höllermann Perlebach Recht geben, der einst gesagt hatte: „Die Wahrscheinlichkeit,

dass ein Marmeladenbrot mit der bestrichenen Seite nach unten fällt, wächst proportional zum Wert des Teppichs."

Alfred Clausen sah in diesem Moment des Schocks, wie sein ganzes Lebenswerk zerstört wurde. Jahrzehntelang hatte er mit aller Macht dafür gekämpft, bestehende Zweifamilienhäuser in Vierfamilienhäuser umzustrukturieren, Hochhäuser mit 60 Wohneinheiten in 120 Wohneinheiten umzuwandeln, einfach nur, um mehr Wohnungen zu schaffen, ohne neu bauen zu müssen. Natürlich war es oftmals hart für die betroffenen Familien. Wer vorher zu viert auf 80 Quadratmetern gelebt hatte, musste sich jetzt mit 40 Quadratmetern zufriedengeben und das Klo und Badezimmer mit einer anderen Familie teilen. Aber das hatte ja auch eine sehr menschliche, eine sehr gesellschaftliche Seite. Clausen sorgte mit seinen radikalen Plänen zur Beschaffung von Wohnraum, dass die Bürger in seiner schönen Stadt näher zusammenrückten. All diese Mühen sah er in diesem furchtbaren Augenblick zunichte gemacht. In harten, grauen Beton gegossen.

Hans-Werners Gedanken drehten sich dagegen in den vergangenen 24 Stunden ständig um den alten Aktenschrank in Alfreds Büro, der nicht geöffnet werden konnte. Lag hierin vielleicht die Lösung? Ein weiterer Abgelehnt-Stempel, um den Wahnsinn da draußen sofort zu stoppen? Andererseits traute HaWe sich nicht, seinen Freund darauf anzusprechen. Schließlich hatte er ihm am Tag zuvor deutlich zu verstehen gegeben, dass er es mit dem Aktenschrank nicht eilig hätte. Hans-Werner versuchte es dennoch.

Hans-Werner: *Und wenn wir doch diesen Aktenschrank öffnen?*

Alfred: *Siehst du nicht, dass ich bereits am Boden bin, Hans-Werner? Willst du mir etwa noch mehr Ärger machen?*

Hans-Werner: *Vielleicht ist aber der Schrank deine Lösung? Ich habe da so eine Intuition.*

Alfred: *Eine was?*

Hans-Werner: *Es fühlt sich nach einer Erleuchtung an.*

Alfred: *Du bist nicht gerade der Hellste.*

Hans-Werner: *Ich habe eine spirituelle Erkenntnis.*

Alfred: *Hatte ich neulich auch. Beim Bowling, eine spirituose Erkenntnis.*

Hans-Werner: *Alfred, es gibt so viel mehr zwischen Himmel und Erde, was wir mit unseren Augen nicht sehen können.*

Alfred: *Das, was ich sehen kann, reicht mir völlig.*
Ein Fuzzi und meinen Untergang ...

Hans-Werner: *Alfred, ich öffne jetzt diesen Aktenschrank.*

Alfred: *Auf deine Verantwortung!*

Endlich hatte Hans-Werner Alfred da, wo er ihn haben wollte. Er holte ein stumpfes Messer aus der Kantine und hebelte den Aktenschrank mit aller Kraft auf. Als die Tür aufsprang, erfasste ihn erst mal eine große Staubwolke, und Hans-Werner bekam einen Hustenanfall. Was er dann sah, ließ sein Blut in den Adern gefrieren. Kistenweise zugeklebte alte Briefe.

Hans-Werner: *Das gibt's ja nicht! Das sind ja Hunderte, wenn nicht Tausende ungeöffnete Briefe?*

Alfred: *Hör auf damit, Hans-Werner!*

Baumann holte eine Kiste nach der nächsten aus dem staubigen Schrank.

Hans-Werner: *Das sind ja nicht nur Briefe an dich. Hier – fürs Finanzamt, Passamt, Ordnungsamt, Grünflächenamt. Und alle ungeöffnet!*

Alfred: *Stopp, Hans-Werner. Nichts durcheinanderbringen. Das hat alles seine Ordnung! Nichts wegnehmen da. Das ist meine Briefmarkensammlung!*

Hans-Werner: *Alfred, die Marken kleben ja alle noch auf den ungeöffneten Umschlägen!*

Alfred: *Ja und? Ich bin halt noch nicht dazu gekommen sie abzulösen.*

Obwohl Alfred mit seinen Gedanken bei den vielen unerträglichen Baustellen war, die plötzlich über Nacht von einem Unbekannten mit seinen geklauten Stempeln der Macht genehmigt worden waren, holte er einen besonders großen Brief aus der Sammlung hervor ..."

Alfred: *Guck mal hier. Der hier ist fürs Finanzamt. Da will jemand seine Einkommenssteuererklärung einreichen. Von 1978.*

Hans-Werner: *Alfred, so geht das nicht. Du bist eine tickende Zeitbombe ... Wenn rauskommt, dass du hier die Post vom gesamten Rathaus der vergangenen Jahrzehnte lagerst, dann sägen*

	die dich aber ratzfatz ab. Dann kannst du dir
	deine schöne Pension an den Hut stecken!
Alfred:	*Also, jetzt mach hier mal nicht so'n Wind, Hans-Werner. Vom Finanzamt hab' ich 'nen Go. Die sind froh, wenn die Sachen mit zwei, drei Jahren Verspätung eintrudeln. Bisschen sauer sind nur die Kollegen des Standesamtes. Aber auch das hat sich inzwischen eingespielt. Da kommt die Hochzeitsurkunde meist passend zum Scheidungstermin.*

Hans-Werner platzte innerlich der Kragen. Zwar wusste er um Alfreds dramatische Gefühlslage, aber er konnte nicht hinterm Berg halten und holte tief Luft.

Hans-Werner:	*Jetzt hör mir mal zu, mein lieber Alfred. Ich finde es ja auch gut, nicht alles so furchtbar ernst zu nehmen. Aber ich bin damals Beamter geworden, um dem Bürger zu dienen. Dafür habe ich einen Eid abgelegt. Und ich bin verdammt noch mal dazu verpflichtet, solche Schludrigkeiten zu melden. Egal, ob sie im Ordnungsamt passieren oder im mir sehr nahestehenden Bauamt. Ich bin Beamter aus Fleisch und Blut, ich habe eine Mission, und diese Mission ist es nun einmal, die mir auferlegten Aufgaben zur Zufriedenheit der Allgemeinheit zu erledigen. Und ich werde mich davon auch nicht abbringen lassen. Durch nichts und niemanden und schon gar nicht durch meinen allerbesten Freund Oberamtsrat Alfred Clausen. Hast du das jetzt ein für alle Mal verstanden?*

Die beiden Freunde schauten sich sekundenlang an, holten Luft und prusteten los.

Alfred:	Der war gut, Hans-Werner!
Hans-Werner:	Ja, oder? Darauf 'nen Käffchen?
Alfred:	BINGO!!!

HaWe hatte zum ersten Mal an diesem Tag das Gefühl, er könnte Alfred ein wenig von seinen düsteren Gedanken ablenken, von den tragischen Ereignissen, die ihn so quälten. Sie erzählten sich beim Käffchen eine Geschichte nach der nächsten. Dabei erfuhr der Fuzzi auch viele neue, intime Details seines besten Amtsfreundes.

Denn Alfreds Aversion gegen das Bauen hatte den Ursprung in seiner Kindheit. Während alle Kinder im Sandkasten eine eigene Schaufel hatten, musste Alfred stets Burgen mit den bloßen Händen bauen. Burgen, die immer größer und schöner sein mussten, als die der Kinder, die eben eine eigene Schaufel hatten. Besonders im Urlaub war es der Ehrgeiz seines Vaters, der Alfred dazu trieb, das Bauen mehr und mehr zu hassen. Erst wenn um den Strandkorb seiner Eltern eine 2 Meter 50 hohe Mauer aus Sand gezogen war, durfte der damals sechsjährige Alfred mit anderen Kindern spielen. Diese harten Erfahrungen aus Kindertagen haben den Oberamtsrat bis heute geprägt und ihn zu einem echten Bauverweigerer gemacht.

Vielleicht kann man es jetzt ein bisschen besser verstehen, warum der Oberamtsrat es nicht ertragen konnte, dass in Neddelhastedtfeld plötzlich über Nacht und ohne sein Wissen so viel gebaut wurde. Zu allem Überfluss klingelte jetzt auch noch das Diensthandy des Bauamtsleiters Sturm. 30 Mal gelang es ihm das Klingeln zu ignorieren, 30 Anrufe in Abwesenheit meldete sein Display. Da schien wirklich jemand ganz schön dringend Alfred Clausen sprechen zu wollen. Wie sich hinterher herausstellte, war es Bürgermeister Bollmeier. Der wollte wissen, was es mit diesen ganzen Bauvorhaben auf sich hatte. Leider wusste es Alfred ja selber nicht. Aber hätte er das in diesem Moment zugeben sollen? Er, der Oberamtsrat, der selbst auf das Amt des Bürgermeisters spitzer war als Nachbars Lumpi?

Dass Bollmeier nervös und unentspannt war, hatte einen einfachen Grund. Es war damals die Zeit kurz vor den Neuwahlen in Neddelhastedtfeld, die Umfragen für den Bürgermeister waren überdurchschnittlich schlecht. Seinem 20 Jahre jüngeren Herausforderer Jan Hofberg-Kalmen, dem Sohn der Möbeldynastie, trauten viele Menschen in der Stadt mehr frischen Wind für das Amt der Bürger zu.

Daher durfte sich Bollmeier keinen Fehler mehr erlauben, wenn er überhaupt noch eine Chance auf Wiederwahl haben wollte, das wusste er nur zu genau. Was also hatte es mit diesem unglaublichen Bauboom auf sich? Bollmeier war der heimischen Presse eine Antwort schuldig, die bereits ungeduldig in seinem Büro saß, auf harte Fakten wartete und außer alten, harten Keksen nichts gefüttert bekam.

UNRAT BEIM OBERAMTSRAT

DONNERSTAG WURDE Alfred Clausen gegen halb sieben in der Früh aus seinem tiefsten Schlaf gerissen. Ein ohrenbetäubender Lärm ließ sein Privatgrundstück erzittern. Alfreds erster Gedanke: Ella joggt ums Haus! Sein zweiter Gedanke: Sie ist die Kellertreppe heruntergestürzt! Dritter Gedanke: Ella ist den physikalischen Gesetzen nach einfach nach vorne übergekippt! Alfreds vierter Gedanke: Dann kann ich mich ja wieder hinlegen.

Kaum hatte Alfreds linke Gesichtshälfte wieder Kontakt zum Kopfkissen aufgenommen, als es im Schlafzimmer erneut heftig schepperte.

Jetzt schoss Alfred wütend in die Höhe, warf sich Ellas Bettdecke über und raste aus dem Schlafgemach heraus zum Badezimmerfenster. Er riss das Fenster mit aller Macht nach innen auf, obwohl es sich eigentlich nur nach außen öffnen ließ, rieb sich 150 Gramm feinsten Beamtenschlaf aus den Augen und traute denselben nicht. Drei große Bulldozer hatten damit begonnen, eine riesige Baugrube neben seinem Haus auszuheben. Der Oberamtsrat schnaubte wie eine angeschossene Wildsau. Wer um Himmels Willen hatte diese Baustelle genehmigt? Und vor allem, was sollte hier überhaupt gebaut werden?

Mit einem Satz hüpfte Alfred aus dem Fenster, ohne dabei zu bemerken, dass sich die Bettdecke sehr ungünstig am Fenstergriff verheddert hatte. So stand er ganz plötzlich mitten in der Baugrube, so, wie der liebe Gott ihn schuf. Alfred schläft nämlich seit Kindertagen nackt. Leider hat es der liebe Gott in einem Punkt nicht wirklich gut mit Alfred gemeint, darüber waren sich in diesem Augenblick alle Anwesenden sofort einig.

Clausen: *Ella hat sich nie bei mir beschwert!*

Nun, wahrlich ging es hier gerade um wesentlich wichtigere Dinge. Um den größten Skandal der Neuzeit, der die Stadt Neddelhastedtfeld tückisch heimgesucht hatte. Was zählten da ein paar Äußerlichkeiten. Jetzt kam es nur auf eine einzige Frage an: Was wird hier gebaut? Vor Wut schäumend blickte Bauamtsleiter Oberamtsrat Clausen in die Runde. Der ausführende Architekt Harro Kastanienberg, den er schon für seinen bescheuerten Namen hätte ungespitzt in den Erdboden rammen können, drückte Alfred in diesem Augenblick eine frisch abgestempelte Baugenehmigung in die Hand: eine Müllverbrennungsanlage.

Ausgerechnet eine Müllverbrennungsanlage neben meinem Haus! Umwelttechnischer Schnick-Schnack, den niemand braucht. Denn Alfred Clausen verfährt mit seinem privaten Müll seit Jahrzehnten ohnehin sehr umweltbewusst, und er würde es sich wünschen, dass sich daran viele Menschen ein Beispiel nehmen würden. Wenn Alfred Müll hat, schickt er einfach seine Ehefrau Ella damit auf den Flohmarkt! Und die Reste, die sie dort nicht verkauft bekommt, werden ganz einfach im hauseigenen Kamin verheizt!

„Hört auf zu bauen – sofort", schrie Clausen die Truppe an und drohte mit seinen hervorragenden Kontakten zur Polizei. Dabei versuchte er immer wieder dem Architekten das Baudokument aus den Händen zu reißen, um die Urkunde, ein für alle Mal, zu vernichten.

Alfred ließ nicht locker. Wie ein Stier, der seinen Matador verbittert angreift, langte der Bauamtschef immer wieder nach den für ihn so wichtigen Papieren. Dabei sprang er wild in einer großen Pfütze auf und ab, vergaß völlig seine Umgebung und erhaschte in einem Moment geschickt die Baugenehmigung. Alfred nahm die Beine in die Hand. Ihm dicht auf den Fersen der Architekt Harro Kastanienberg, ein Polier sowie ein Dutzend Maurer, die wild entschlossen waren, ihm das Dokument wieder abzujagen. Aus der Entfernung hätte man meinen können, ein flüchtiges Hausschwein, kurz vor der Schlachtung, wird von seinen Herren über die Felder getrieben.

Wäre Alfred nicht kurze Zeit später in einem riesigen Matschloch ausgerutscht, er hätte es wohl bis zum BER, seinem größten Baustellenvorbild aller Zeiten, geschafft. Was dann folgte, war ein heftiges Schlammringen. Drei Maurer hatten unseren lieben Alfred schon im Schwitzkasten, als es dem Oberamtsrat in einer einmaligen Aktion gelang, die Baugenehmigung zusammenzuknüllen und sich in den Mund zu stopfen. 18 DIN-A4-Seiten auf einmal.

Clausen: *Damit könnte ich locker bei ,Wetten-dass' auftreten!*

Hans-Werner: *,Wetten-dass' gibt es seit 2014 nicht mehr! Jedenfalls nicht regelmäßig.*

Alfred: *Und ich habe mich schon gewundert, ob die so lange Sommerpause machen?*

In diesem dramatischen Augenblick jedenfalls traf endlich die Neddelhastedtfelder Polizei ein, die von Alfreds Ehefrau Ella alarmiert worden war. Wer weiß, was sonst mit Oberamtsrat Alfred Clausen noch geschehen wäre. Wahrscheinlich hätten ihn die Maurer für immer und ewig im Fundament der neuen Müllverbrennungsanlage einzementiert. Den Beamten gelang es nach kurzer Zeit die Streithähne zu trennen. Alfred wurde in Handschellen aufs Polizeirevier geführt. Der Vorwurf: Vollkäffchenrausch nach §323k StGB.

Alfred: *Ich hatte gar nichts gemacht!*

Hans-Werner: *Du warst nackt, das hat allen gereicht! Was ich voll verstehen kann.*

GISELA BÖCK

AM SELBEN Nachmittag ging Hans-Werner aufs Polizeirevier. Nachdem er für seinen Freund 300 Euro Kaution aus nebulösen Quellen hatte auftreiben können, wurde Alfred aus der Haft entlassen. Die Polizisten waren mit ihm kurz vor einem Nervenzusammenbruch gewesen. Bestimmt hätten sie selbst die Kaution bezahlt, einfach nur, damit Hans-Werner seinen Freund Alfred endlich mitnimmt. Die beiden fuhren zu Alfred nach Hause und aßen Ellas legendäre Windbeutel, die entgegengesetzt zu ihrem Namen keinen Wind enthielten, sondern vor allem Kalorien. Ein Windbeutel reichte aus, um die nächsten drei Tage ohne Nahrung auszukommen. In diesem Augenblick piepste HaWe's Handy.

Alfred:	*Hans-Werner, jetzt stell doch mal dieses Smartphone aus.*
Hans-Werner:	*Das geht nicht. Ich habe hier einen großartigen Moment. Hier meldet sich meine BANKING APP.*
Alfred:	*Ja und?*
Hans-Werner:	*In wenigen Sekunden wird mein Gehalt gutgeschrieben.*
Alfred:	*Das ist doch nichts Besonderes.*
Hans-Werner:	*Heute schon! Gebuuuuuuuuuuuuuuuuuucht. Aber jetzt kommt der Knaller. Ich bin das erste Mal seit vier Jahren im Haben!*
Alfred:	*Nein?*

Hans-Werner: *Doch – guck mal hier – ein H auf meinem Girokonto ...!*

Alfred: *Aber nur 16 Euro 54 ...*

Hans-Werner: *NUR? Weißt du, wie lange ich auf diesen Moment hingefiebert habe?*

Alfred: *Das bedeutet, die ganze Kohle ist quasi schon wieder weg?*

Hans-Werner: *Gertrud und ich leben quasi in der Zukunft. Nenn mich ruhig HaWe-Mc-Fly ...!*

Alfred: *Aber wie lange halten diese 16 Euro 54?*

Hans-Werner: *Das gilt es jetzt rauszufinden ... also, mein Rekord von 1999 waren mal 12 Minuten ...*

In diesem Augenblick hörte das Piepsen von Hans-Werners Handy gar nicht mehr auf. Mit jedem einzelnen Ton traf auf Hans-Werners Display eine knallrot leuchtende Abbuchung ein.

DARLEHEN 1 - 286,98 EUR
DARLEHEN 2 - 177,88 EUR
DARLEHEN 3 - 122,12 EUR
DARLEHEN 4 - 54,98 EUR
DARLEHEN 5 - 22,17 EUR
DARLEHEN 6 - 9,80 EUR
DARLEHEN 7 - 1,11 EUR

Alfred: *Was finanziert man denn für 1 Euro 11???*

Hans-Werner: *Du, da wollte ich mal mit meinen Finanzen klare Kante machen und habe mir einen neuen Taschenrechner gekauft!*

Alfred: *Auf Kredit??*

Hans-Werner: *Na ja ...*

Die Talfahrt nahm kein Ende ...

DARLEHEN 8 − 254,79 EUR

DARLEHEN 9 − 23,77 EUR

DARLEHEN 10 − 0,02 EUR

Alfred: *Zwei Cent??? Was ist das für ein Kredit?*

Hans-Werner: *Das ist die Finanzierung meines Latte Macchiatos bei Starbucks über 60 Monate.*

DARLEHEN 11 − 186,23 EUR

DARLEHEN 12 − 2,16 EUR

Endlich stoppte das grelle Piepen ...
Gesamtsaldo: − 1.125,47 EUR

Alfred: *Na, das waren ja gefühlt keine 90 Sekunden im HABEN???*

Hans-Werner: *Warte nur ab, da gehen ja gleich noch HABEN-ZINSEN ein!*

Alfred: *Was?*

Hans-Werner war erleichtert. Mit einem Tusch zeigte seine APP einen positiven Geldeingang, die Habenzinsen. Sie betrugen 0,0000000003%.

Hans-Werner: *Da!!! Rechne das mal dazu ... warte ...*
Gesamtsaldo: – 1.125,47 EUR.

Alfred: *Da ändert sich ja nix an der Summe?*

Tatsächlich reichten die Habenzinsen nicht aus, um einen Anstieg des Kontostandes zu vermelden. Alfred sah die Verzweiflung seines Freundes und griff spontan zu seiner Gitarre. Er sang aus tiefstem Herzen Hans-Werners persönlichen Pleitegeier-Song.

Alfred: *Aus einem kleinen Reihenhaus,*

Da guckt der HaWe glücklich raus.

Das Haus ist lang noch nicht bezahlt,

obwohl er ständig damit prahlt.

Täglich kommt um die gleiche Zeit

ein Wagen, der ist ziemlich breit.

HaWe nimmt die Pakete an,

die bringt ihm der Zalando-Mann!

Der schönste Pleitegeier, den

ich kenn, heißt HaWe.

Keine Kohle, aber glücklich,
das ist HaWe.
Was er nicht hat, kann keiner nehmen,
dafür muss er sich nicht schämen.
Es gibt kein Muss, es gibt nur Soll,
zum Kuckuck, ist die Bude voll!
Seine Gertrud kümmert sich ums Geld,
weswegen ständig etwas fehlt.
Er kommt nie auf 'nen grünen Zweich,
nicht mal 'nen Fisch im Gartenteich!
Und die Moral von der Geschicht',
als Fuzzi bleibt das Leben schlicht.
Aber egal – was wirklich zählt
ist unsre Freundschaft, und die hält.

Nach der Anstrengung wollte Alfred gerade in seinen dritten Windbeutel beißen, als ihn plötzlich eine seltene, geistige Eingebung traf. Wer brauchte ständig Geld? Wer ist das ärmste Würstchen der gesamten Verwaltung Neddelhastedtfelds? Sein stahlharter Blick traf seinen vermeintlichen Freund und Kollegen Hans-Werner Baumann. Sollte eventuell sein Käffchenbruder im Geiste das Stempelkarussell gestohlen haben, um sich auf diesem Wege durch illegale Baugenehmigungen Geld in die eigene Kasse zu spülen? Alfred schaute Hans-Werner eine ganze Zeit lang an. Dann schoss es aus ihm heraus:

Alfred: *Wo warst du zur Tatzeit?*

Hans-Werner: *Wie bitte?*

Alfred: *Hans-Werner. Wir versuchen hier einen Kriminalfall aufzuklären. Nur du weißt, dass mein Büro nie abgeschlossen ist, und nur du weißt, wo genau mein Stempelkarussell steht!!*

Hans-Werner: *Hör mal, ich bin dein bester Freund!?*

Alfred: *Es tut mir leid, Hans-Werner – aber ich kann da leider keine Ausnahme machen.*

Clausen ging in die Ecke seines Büros. Dort stand unter einer Staubschutzhülle der einzigartige "TX 2012", ein Lügendetektor. Alfred zog mit einer schwungvollen Bewegung die Hülle ab und zentrierte den TX 2012 in die Mitte des Raums.

Hans-Werner: *Du willst mich da jetzt nicht anschließen?*

Alfred: *Deine Beweggründe sind erdrückend.*
Nimm bitte Platz.

HÖCHST VERDÄCHTIG!

Die Ereignisse in Neddelhastedtfeld überschlagen sich. Jede Ermittlung lief bisher ins Leere. Jeder ist verdächtig, aber keiner will es gewesen sein! Jetzt ist eine echte Spürnase gefragt! Wer ist der dreiste Stempeldieb?

NAME VERDÄCHTIGER 1: _____

HÖCHST VERDÄCHTIG, WEIL: _____

_____

TATMOTIV: _____

NAME VERDÄCHTIGER 2: _____

HÖCHST VERDÄCHTIG, WEIL: _____

_____

TATMOTIV: _____

Hans-Werner: *Aber ...*

Alfred: *Ruhe. Ich muss mich konzentrieren.*

Alfred hatte sich mittlerweile seinen Laptop aus dem Regal genommen und den TX 2012 angeschlossen. Aufrecht saß der Chefermittler Clausen hinter dem aufgeklappten Laptop und schaute über den Monitor zu Hans-Werner Baumann.

Alfred: *So. Ich habe hier ein paar Fragen an dich. Also, wo warst du gestern Abend zwischen 21 und 21.30 Uhr?*

Hans-Werner: *Da war ich noch hier im Rathaus und habe gearbeitet.*

Der Lügendetektor schlug an und gab ein lautes Warngeräusch von sich.

Alfred: *LÜGE!!!*

Hans-Werner: *Okay. Ich weiß es wieder. Ich war hier und habe die Silberhochzeitszeitung meines Schwagers kopiert.*

Alfred: *Okay, das scheint zu stimmen.*

In diesem Moment kam Alfreds Sekretärin ins Büro, sichtlich erbost. Sie hielt eine leere Marzipanpackung in den Raum und fragte die beiden Beamten, ob sie ihre Pralinenpackung leergefuttert hätten?

Hans-Werner & Alfred: *NEIN!!!*

Der Lügendetektor schlug laut warnend an, und die Sekretärin verließ kopfschüttelnd den Raum.

Alfred: *Nächste Frage. Warte. Die steht auf der nächsten Seite ... wie komm ich denn da hin?*

Hans-Werner: *Du musst mit den Pfeiltasten ganz nach unten scrollen.*

Alfred: *Ach Blödsinn, das mache ich anders …*

Clausen schlug ein Blatt Papier über den Monitor, das er mit Tesafilm am Monitor seines Laptops befestigt hatte. Computertechnik war ihm ja schon seit Anbeginn ein Dorn im Auge.

Alfred: *Bist DU, Hans-Werner Baumann, der Dieb des Stempelkarussells?*

Hans-Werner: *Nein.*

Der Lügendetektor blieb still.

Alfred: *Kennst du den Dieb?*

Hans-Werner: *Nein.*

Alfred: *Warst du jemals deiner Frau untreu?*

Hans-Werner: *Was hat denn diese Frage mit dem Stempelkarussell zu tun?*

Alfred: *ICH stelle hier die Fragen. Also, was ist nun? Warst du Gertrud jemals untreu?*

Hans-Werner: *Nein. Niemals. Gertrud und ich sind ein Herz und eine Seele. Erst gestern Abend sind wir wieder eng umschlungen eingeschlafen und heute Morgen nahmen wir uns bei den Händen, schauten uns tief in die Augen und sagten uns, wie sehr wir uns lieben …!*

Der TX 2012 gab plötzlich wie wild Alarm.

Hans-Werner: *Hä? Was soll das jetzt?*

Alfred: *Man kann das Warnsignal auch manuell starten. Das konnte ich mir nicht länger mit anhören.*

Endlich war Alfreds unerhörter Verdacht seinem Freund gegenüber entkräftet und zu den Akten gelegt. Clausen wollte gerade ein Versöhnungskäffchen einschenken, als sein stets privat genutztes Amtshandy mit dem Klingelton „Herzilein, du musst nicht traurig sein" bimmelte. Eine Melodie, die ihn irgendwie immer an seine liebe Ehefrau Ella erinnerte. Unbekannter Anrufer zeigte das flackernde Display.

Alfred: *Wenn mich der Anrufer eh nicht kennt, brauche ich das Gespräch ja auch nicht anzunehmen.*

Doch Alfred wurde von Hans-Werner gedrängt, es doch zu tun. Ausgerechnet Hans-Werner, der Clausen schon in so viele Fettnäpfchen hatte stolpern lassen. Da kam es wohl auf eines mehr oder weniger auch nicht an.

Alfred: *Oberamtsrat Alfred Clausen – wer stört?*

Eine unbekannte, schroffe Männerstimme hauchte den Satz ins Telefon: „Das Phantom ist eine Frau", und legte gleich wieder auf. Wie bitte?! Der Gauner war eine Frau? Eine Frau soll im Besitz des heiligen Stempelkarussells sein? Alfred war völlig durcheinander. Wer war der unbekannte Anrufer und

vor allem: Was wollte er mit dem Satz „Das Phantom ist eine Frau" sagen? Vermutlich wollte er einfach nur sagen, dass das Phantom eine Frau ist. Aber werden nicht alle Frauen zu Phantomen, spätestens dann, wenn man sie geheiratet hat? Alfred grübelte, überlegte und nahm seinen gesamten Grips zusammen, seine alten Gehirnzellen arbeiteten noch einmal auf Hochtouren. Zum allerersten Mal in seinem Leben bildete sich auf seiner Stirn eine unbekannte, transparente Flüssigkeit. Und aus seinen Ohren stieg weißer Dampf auf.

Er erinnerte ein wenig an Elliot, das Schmunzelmonster. Nur, dass ihm gar nicht zum Schmunzeln zumute war. Im gesamten Rathaus gab es nämlich nur eine Frau, der es zuzutrauen gewesen wäre, dass sie hinter Alfreds Rücken krumme Dinger dreht: Gisela Böck vom Ordnungsamt. Eine Frau, so schnell wie ein Blitz, so frech wie ein Rauhaardackel und so klug wie ein Mann. Diese Frau hatte die Qualitäten eines Verbrechers oder anders ausgedrückt – sie könnte auch ein guter Chef sein.

Alfred: *Der war gut! Apropos Chef, Hans-Werner: Wie läuft es eigentlich mit deinem Chef Jeff Bösemann?*

Musste Alfred seinen Freund gerade in diesem Augenblick auf seinen neuen Passamtsleiter Jeff Bösemann ansprechen? Dieser Mann war wirklich alles, aber ganz sicher keiner Rede wert. Schließlich war Bösemann nahezu hauptverantwortlich für die derzeitige wirtschaftliche Lage im Hause Baumann. Allerdings hatte Hans-Werner gerade für den alljährlichen „Poetry-Slam" in Neddelhastedtfeld ein Gedicht über seinen neuen Chef geschrieben. Denn das Preisgeld war für den Sieger mit 1.500 EUR geradezu üppig ausgeschrieben. Und unser finanzknapper Fuzzi aus dem Bauamt hatte die Prämie eigentlich schon fest in seinem Haushalt einkalkuliert:

Für mich ist es schwierig, darüber zu sprechen –
als Fuzzi bin ich ganz unten
und würd' mich gern an ihm rächen.

Aber wenn ich das mache,
dann kommt es sicher irgendwann raus,
und das bedeutet ich verlier Hof und Haus.

Er ist so gemein, ein Schwein,
jemand, der das Herz am linken Fleck hat, nicht am rechten.

Warum muss er mich nur ständig knechten?

Die besten Tage sind die, wenn er nicht da ist,
wenn die Luft im Büro rein und klar ist.

Ihr habt sicher auch so einen. Meiner sieht nicht nur so aus,
er ist auch ein Sack und heißt Jeff –
er ist ein fauler Nichtsnutz mit abstehenden Ohren –
fährt das dickste Auto, abgekürzt – er ist mein Chef.

Neulich war ich bei ihm, da hat er mich angegrinst
wie Boris Johnson nach dem Brexit.

Leute, ich sag euch, ich bin selbst kurz vorm Exit,
weil jeden Monat, gen Ende, bei uns Hans-Werners die Kohle fehlt,
mich mein Bankberater mit fiesen Anrufen quält.

Und ich nur einen Ausweg sah, aus diesem Dilemma.
Leute, ich hab die Schnauze voll vom Schweigen der kleinen Lämmer –
ich hab mich vor meinem Chef aufgebaut –
hab ihm tief in die Augen geschaut –
mit meiner Faust auf den Tisch gehauen und gedacht–
ich brauch mehr Kohle, du Penner –
leider traf ich nicht auf den Schreibtisch,
sondern mitten auf seinen neuen Scanner.

Und die Moral von dieser Geschicht' –
jetzt kriegt er Geld von mir – ich von ihm nicht.

Nun steh ich hier wie je zuvor – ich armer Tor –
mit Händen in den Taschen – die sind löchrig und leer,
und ich träume davon schwer,
mich woanders zu bewerben –
leider werd' ich wohl auch in Zukunft
nichts von einer reichen Tante erben –
weil ich keine habe, da haben die Gene sich falsch gepaart –
denn von meiner Gattung Fuzzi gibt es in dieser Art
unglaublich viele, und ich bin nun mal kein Genie
– meine letzte Hoffnung –
ich eröffne mit meiner Gertrud ein BIO-Nagelstudio
und sage Good-bye Germany.

Nachdem Hans-Werner sich wieder beruhigt hatte, rätselten beide Ermittler angespannt an ihrem Fall weiter. Gisela Böck könnte tatsächlich die große Unbekannte sein, das wurde Alfred in diesem Augenblick klar. Tragischerweise ist Gisela auch die Frau, der Alfred schon ein Leben lang hinterher schmachtete. Seine heimliche, unglückliche Liebe, die er seit Kindertagen kennt und die seither nichts von ihm wissen will. Gisela steht auf Männer, die Macher sind. Männer, die einen Hintern in der Hose haben, Männer, die anpacken können, Männer, die wissen, was sie wollen, Männer, die eine Frau rundum glücklich machen: Charmeure oder, um es auf den Punkt zu bringen: Gentleman mit Spendierhose an. Für die Gucci kein Kosename und Prada keine tschechische Großstadt ist.

Alfred: *Prada liegt schließlich auch in Italien, oder?*

Hans-Werner: *Herrje, Alfred. Vergiss es!*

DIE GLEICHSTELLUNGS-BEAUFTRAGTE HAWE BAUMANN

FÜR ALFRED wurde es von Tag zu Tag schwerer, erhobenen Hauptes ins Rathaus zu gehen. Egal wo der Oberamtsrat auch auftauchte, überall tuschelten die Kollegen hinter seinem Rücken. Für alle Rathausmitarbeiter eine willkommene Abwechslung, um nicht dem eigentlichen Dienst am Bürger nachgehen zu müssen. Niemand saß in diesen für Alfred so schwierigen Tagen noch hinter seinem Schreibtisch, jeder nutzte seine Arbeitszeit zum Austausch der neuesten Spekulationen. Denn seit das Stempelkarussell in die Finger eines Phantoms geraten war, schossen mehr als 30 neue Bauvorhaben wie Pilze aus dem Erdboden. Darunter ein Großflughafen der Größenordnung Beijing Daxing, eine 200 Kilometer lange Transrapid-Trasse sowie ein weiteres Disneyland. Alfred steckte in der Zwickmühle. Für seine Kollegen war er der Versager, der nicht in der Lage war, sein Stempelkarussell vor unberechtigtem Zugriff zu schützen. Für die Journalisten war er der korrupte Abzocker, der mit diesen Baugenehmigungen heimlich seine private Schmiergeldkasse füllte. ‚Clausen unter Druck! Bauamtsleiter lässt die Hosen runter' titelte an diesem Tag der Neddelhastedtfelder Kurier mit der fettesten Überschrift, die der Verlag jemals seit Bestehen gedruckt hatte. Noch einmal würde der Oberamtsrat seine Hosen nicht runterlassen – so viel stand fest. Ein nackter Clausen hinter schwedischen Gardinen, das hätte dem Phantom so gepasst.

Alfred: Hans-Werner – du hast mir neulich das Leben
gerettet, mich gegen Kaution aus der Haft befreit.
Dafür möchte ich dir an dieser Stelle danken.
Hans-Werner, erhebe dich bitte von deinem
Stuhl und lausche meinen süßen Worten:

Du bist das Licht in meinem Leben.
Meins würd' ich für deins nicht geben.
Doch du gibst immer deins für meins.
Hab ich zwei Käffchen, kriegst du keins.
Schaust zu mir auf – bewunderst mich.
Ich schau herab – belächle dich.
So ham' wir beide unsere Rollen,
du die schlechten – ich die tollen.
An dir kann ich mich gut berauschen,
mein Jung – mit dir möchte ich nicht tauschen!

HaWe wusste, dass Alfred diese Worte lieb gemeint hatte. Ein
persönliches Gedicht von ihm war wie ein genehmigter Bauantrag: etwas ganz, ganz Wertvolles. Da kam es gar nicht so

sehr auf die einzelnen Worte an. Auch Alfreds Ehefrau Ella hat das nach all den vielen gemeinsamen Jahren begriffen. Eine Beleidigung aus Alfreds Mund ist meistens ein Lob. Wenn Alfred sagt, du bist zu dick, dann meint er eigentlich, dass er auf Dicke steht. Wenn Alfred sagt, du nervst, dann meint er eigentlich, dass er dir dankbar ist, dass du das tust, damit er sich nicht langweilen muss. Alfred ist eine komplizierte Seele. Oft steckt ein ganzer Irrgarten hinter seinen verworrenen Gedanken, aber genau das macht ihn ja auch aus. Kompliziert wie eine Frau, faul wie ein Mann. Eine brisante Mischung.

Alfred: *Na, na, na Hans-Werner – die Frauenrolle hast ja wohl eher du in unserem Team.*

Ein wirklich guter Moment, dem Oberamtsrat anzuvertrauen, dass Hans-Werner Baumann gerade eben erst vom Bürgermeister zum Gleichstellungsbeauftragten ernannt worden war.

Alfred: *Was? DU???*

Hans-Werner: *Ja, hat der Bürgermeister gestern entschieden. Das ist ganz frisch. Da staunste, was?*

Alfred: *Du machst Scherze?*

Hans-Werner: *Nein. Britta Schmarrenberg-Ratzelsheim geht mit 43 Jahren etwas früher in Pension.*

Alfred: *Gleichstellungsbeauftragter ... muss das nicht 'ne Frau machen?*

Hans-Werner: *Auch das ist hier bei uns ab sofort genderneutral.*

Alfred: *Gender-was?*

Hans-Werner: *Gender steht für Geschlecht!*

Alfred: *Was ist denn dann deine Aufgabe?*

Hans-Werner: *Ich sorge dafür, dass Frauen den Männern gleichgestellt werden.*

Alfred: *Jetzt komm mal in die Praxis, HaWe – was konkret wirst du unternehmen, damit Männer und Frauen gleichgestellt sind?*

Hans-Werner: *Gute Frage, Alfred. Zuerst werden wir unten am Rathaus die Fußgängerampel von Ampelmännchen auf Ampelweibchen umstellen.*

Alfred: *Um Himmels Willen! Dann sind plötzlich wir Männer benachteiligt?*

Hans-Werner: *Nein, wir Männer waren ja jetzt viele Jahrzehnte das Ampelmännchen. Jetzt kommt für viele Jahrzehnte das Ampelweibchen.*

Alfred: *Das ist doch Schwachsinn, HaWe – du wirst Männer und Frauen niemals gleichmachen können.*

Hans-Werner: *Mein neues Motto lautet: Frauen gehören in die Küche, Männer gehören in die Küche, jeder gehört in die Küche. Denn in der Küche gibt's Wasser fürs Käffchen. Deswegen heißt Wasserhahn in Zukunft hier bei uns auch nicht mehr Wasserhahn!*

Alfred: *Ich habe Angst! Sondern?*

Hans-Werner: *Unter meiner Leitung ist das ab sofort die Wasserhenne! Eigentlich doch ganz einfach, Alfred. Du musst nur das Maskuline gegen das Feminine tauschen ... ich möchte dir noch mal ein weiteres Beispiel geben. Du bist im Tennisverein Mit-GLIED ...*

Alfred: *Ja ... Und?*

Hans-Werner: *Denk mal mit. Du als Mann bist Mit-GLIED, deine Frau Ella wäre nicht Mit-GLIED.*

Alfred: *Ist sie ja auch nicht ...*

Hans-Werner: *Wenn sie Mit-GLIED wäre, dann wäre sie nicht Mit-GLIED, sondern Ohne-GLIED. Weil sie ja keins hat ... man könnte dazu in Zukunft auch Mit-MUSCHI sagen ...!*

Alfred: *Mit-MUSCHI??? STOPPPPPPPPPP HaWe ... jetzt reicht's aber. Hätte Gott gewollt, dass Frauen Piloten werden, wäre der Himmel nicht blau, sondern rosa!!!*

Hans-Werner: *Vorsicht – Vorsicht. Sonst muss ich dir noch eine Abmahnung aussprechen.*

Alfred: *Warum fahren Frauen nicht in der Formel 1?*

Hans-Werner: *Ich will's gar nicht wissen.*

Alfred: *Weil die Boxengasse zu klein zum Einparken ist.*

Hans-Werner: *SO – DU konzentrierst dich jetzt bitte mal wieder aufs Wesentliche!*

Alfred: *Ist ja gut Fuzzi …*

Alfred musste also jetzt das tun, was er am besten konnte und noch immer kann: sich so unauffällig wie möglich verhalten. Eine Stärke, die schon sein alter Lehrer Hauke Hermann an der Verwaltungsfachhochschule festgestellt hatte. „Wenn Clausen da ist", hatte er einmal gesagt, „ist es so, als wenn Clausen nicht da ist. Und wenn Clausen nicht da ist, könnte man meinen, er sei da." Diese Fähigkeit war ihm einfach in die Wiege gelegt.

Als Alfred kurze Zeit später das Rathaus betrat, begann das gefürchtete Spießrutenlaufen. Vor dem Rathaus Journalisten. Im Rathaus Schaulustige. Dazu die lieben Kollegen, die sich in Grüppchen zusammengerottet hatten, tuschelten, kicherten und mit ihren Fingern auf Alfred zeigten. Bald kursierten sogar die ersten Alfred-Clausen-Witze in den Rathausfluren. An einen erinnerte sich Hans-Werner besonders gut: ‚*Wieso macht es keinen Unterschied, ob Alfred Clausen sechs Richtige im Lotto hat oder nicht? In beiden Fällen geht er nicht mehr arbeiten.*' Alfred war überhaupt nicht zum Lachen zumute. Er war nur noch ein Schatten seiner selbst. Sein guter Ruf als effektivster Bauvorhaben-Verhinderer der westlichen Hemisphäre war ruiniert. Man konnte ihm geradezu ansehen, dass er diesem Psychoterror nicht mehr lange würde standhalten können.

OBSERVATION

ALFRED WAR am Ende. Das Einzige, was ihn noch im Rathaus hielt, war die Erdanziehung. Und so beschloss er in die Offensive zu gehen und seine liebe Kollegin Gisela Böck vom Ordnungsamt zu obzi ... äh ... dingsen ... zu obzer ... na ... eben zu beschatten! Zuerst schmuggelten Alfred und Hans-Werner sich in ihren Fitnessclub, wo sie einen Bauch-Beine-Po-Kurs besuchte. Die beiden Ermittler sahen ziemlich dämlich aus in ihren Catsuits und den Langhaarperücken. Schrecklich, diese Wurstpelle! Aber was macht man nicht alles, um der Wahrheit zum Sieg zu verhelfen.

Anschließend ging es in die Sauna, da mussten sie sich auch noch falsche Schnurrbärte ankleben. Beinahe wären sie aufgeflogen, weil der Bart immerzu verrutschte. Danach besuchten sie auch noch dieses neue japanische Feinschmeckerlokal, „Sushi-KING" Und tatsächlich – sie hatten Glück. Gisela saß an Tisch drei, der genau neben Tisch vier und kurz vor Tisch zwei stand.

Es ist schwer, Gisela zu beschreiben. Sie ist fragil, aber nicht zerbrechlich, mit einem Gesicht, in dem ostpreußische Züge eine provozierende Einheit bilden mit dem sublimen Lächeln,

das man schon in der Antike den friesischen Fischerfrauen nachsagte. Als sie sich zwischendurch die Nase pudern ging, schnappten Alfred und Hans-Werner sich heimlich ihre Handtasche und kippten sie aus. Was Frauen immer alles mit sich rumschleppen: Ein Erfrischungstuch! Ein Karamellbonbon! Ein abgerissener Bierdeckel mit der Telefonnummer von einem gewissen Arno. War das vielleicht eine heiße Spur? Der alte Hofberg-Kalmen hieß mit Vornamen Arno. Sie wühlten weiter wie die Maulwürfe: ein angebissener Apfel. Eine Tube Totes-Meer-Gesichtscreme mit Haltbarkeitsdatum 1996 aus der Produktion von Uschi Glas. Jahrelang sinnlos herumgeschleppt. Verdächtig war auf jeden Fall das Flugticket zu den Seychellen. Das bezahlt man nicht einfach aus der Portokasse. Verfügte sie möglicherweise über lukrative Nebeneinkünfte? Dazu würden auch Giselas regelmäßige Besuche beim Star-Friseur Ulli Olsen passen, der schon im Schnitt für einen Schnitt umgerechnet 150 Euro verlangte. 150 für einen Friseurbesuch! Dafür bekommt man aktuell in der Türkei eine neue Nase. Egal – uns interessieren nur die mysteriösen Veränderungen, die in Giselas Leben seit geraumer Zeit Einzug gehalten hatten. Zum Beispiel färbte sich die Ordnungsamtsangestellte ihre Haare plötzlich blond. Sie sah aus wie eine Frau, die einen Pastor dazu bringt, mit einem Fußball ein Loch ins Kirchenfenster zu schießen. Noch bevor Gisela zurück an ihren Platz kam, waren die beiden verschwunden. Spuren hatten sie so gut wie keine hinterlassen, auch wenn ihnen erst auf dem Weg zurück ins Rathaus einfiel, dass es besser gewesen wäre, die Handtasche wieder einzuräumen.

ES RIECHT NACH BETON

DIE ZAHL der Baustellen in Neddelhastedtfeld nahm weiterhin dramatisch zu. Clausen verbrachte schlaflose Nächte, weil seine geliebte graue und farblose Heimatstadt über kurz oder lang zu einer grauen und farblosen Großstadt anschwoll. Überall roch es nach Aufschwung, überall eröffneten Banken ihre Filialen, um den Menschen neue Kredite für neue Häuser anzudrehen. Es war zum Mäusemelken. Und der „Morgenklatsch" kam an diesem Tag mit dem Aufmacher raus: *Amtierender Bürgermeister legt in Umfragen zu.* Offensichtlich schien auch noch Bollmeier von dem anhaltenden Bauboom zu profitieren.

Baumann und Clausen observierten Gisela inzwischen fast rund um die Uhr. Gerade sitzen sie gemeinsam in ihrem Dienstwagen, und Clausen schenkt ein Käffchen aus der Thermoskanne ein. Sie wollen das Haus von Gisela beschatten.

Hans-Werner: *Und? Was habt ihr gestern noch gemacht?*

Alfred: *Ach, Ella hat gebügelt, und ich habe ihr mal gezeigt, wie man ordentlich Kragen macht.*

Hans-Werner: *Du? Das glaub ich ja wohl nicht. Unser Vorzeige-pascha hilft im Haushalt?*

Alfred: *I wo. Man wird als Mann einfach unterschätzt. Ich habe Ella einfach mal gezeigt, dass die Frauen um Tätigkeiten wie Waschen und Bügeln einfach viel zu viel Wind machen. Das ist doch alles ganz simpel: Bügeleisen an und los ... Was habt ihr gestern Abend gemacht?*

Hans-Werner: *Gertrud und ich waren noch beim Nordic Walking.*

Alfred stieg zur weiteren Observierung aus dem Wagen aus. Er war mit einem frisch gebügelten Oberhemd bekleidet und mit Funkgerät bewaffnet. Beim Aussteigen konnte Hans-Werner auf dem Hemd des Oberamtsrates einen deutlichen Brand-fleck in Form eines Bügeleisens entdecken.

Alfred: *(Über Funk) HaWe, ich beschatte nun gründlich das Haus der Verdächtigen. Ein Zimmer im Untergeschoss ist beleuchtet.*

Hans-Werner: *(Über Funk) Alfred, kannst du etwas Verdächtiges sehen?*

Alfred: *(Über Funk) Moment. Ein Mann betritt den Raum.*

Hans-Werner, Person betritt Zimmer. Schaut sich um. Geht zum Regal. Nimmt ein Buch. Setzt sich hin. Beginnt zu lesen. Moment. Da ist noch jemand.

Hans-Werner: *Wer ist da?*

Alfred: *Ich kann es noch nicht genau sehen. Warte. Jetzt kann ich etwas sehen. Ein kleiner Junge schaut nun mit ins Buch.*

Hans-Werner: *Alfred? Wo stehst du?*

Alfred: *Im Garten.*

Hans-Werner: *Hausnummer?*

Alfred: *Was soll das, Hans-Werner? Gaffelweg 13!*

Hans-Werner: *Gisela wohnt Gaffelweg 15 …*

Alfred: *Oh – dann geh' ich wohl mal weiter …*

Dass diese Beschattung Giselas eher ein Griff ins Klo war, muss hier wohl nicht weiter erwähnt werden. Dennoch wog der Verdacht auf Gisela schwer. Einmal traf sie sich mit Bürgermeister Bollmeier zum Minigolfspielen. Sie wirkten so vertraut, dass der Verdacht aufkeimen konnte, dass die beiden gemeinsame Sache machen. Alfred jedoch wollte von den Verdächtigungen nichts wissen. Es gab aus seiner Sicht keinen triftigen Grund, warum unser verehrter Herr Bürgermeister hinterrücks haufenweise Bauanträge genehmigen sollte. Und wenn es doch einen Grund gab, dann hätte er Alfred ja einfach kraft seines Amtes dazu verdonnern können, die Genehmigungen zu erteilen. Er hätte zu ihm sagen können: ‚*Mein lieber Herr Oberamtsrat! Die Menschen in unserer schönen Stadt ächzen unter der Last der Bürokratie. Sie sehnen sich nach*

Müllverbrennungsanlagen, Flughäfen und Vergnügungsparks. Ich möchte ihnen diese Freude machen. Sie werden mich dafür lieben und bei der nächsten Wahl ihr Kreuz hinter meinem Namen machen. Und dann habe ich die nächsten vier Jahre wieder meine Ruhe, kann die Füße hochlegen und mich im Glanze der Macht sonnen!' Hat er aber nicht gesagt. Und deshalb ließen Baumann und Clausen auch nicht locker.

Alfred: *Hans-Werner Baumann, du bist mein Wadenbeißer. Einer, der sich nicht die Butter vom Brot nehmen lässt, einer, der es bis ganz nach oben schaffen kann. Ein Mann, wie er im Buche steht!*

Hans-Werner: *Du machst Scherze?*

Clausen: *Na klar, was denkst du denn???*

Beide mussten herzlich lachen und verbrachten den weiteren Arbeitstag damit sich gegenseitig Märchen über sich selbst zu erzählen. Ein Spiel, das sie nahezu in Perfektion beherrschten.

Alfred: *Zum Beispiel mein Märchen über Hans-Werner Baumann. Oder frei nach den Gebrüdern Grimm ‚Hans im Pech'.*
„Es war einmal ein Pleitegeier, der legte ein Ei. Aus ihm schlüpfte Hans-Werner Baumann. Geboren am 11. Dezember Eins Neun Fünf Drei!"

Hans-Werner: *1963!*

Alfred: *Jaaaa, wie ein Gesicht doch täuschen kann. Hans war ein fleißiger Junge. So zog er in die Welt hinaus, um sein Glück zu finden. Er war das dritte der Kinder. Seine Schwester machte einen Tanzkurs, sein Bruder einen Fahrkurs und Hans-Werner einen Konkurs. Denn schon als Kind war Hans notorisch pleite.*

Sein erstes Passfoto war ungültig, weil er darauf in seinen Taschen nach Kleingeld suchte. Hans-Werner war eines von den Kindern, wenn es verstecken spielte, wurde es nie gesucht. Als Hans-Werner mal vom Arzt nach Hause kam, fragte ihn seine Mutter: ‚Nun, Hans-Werner, was hat der Arzt gesagt?' Hans-Werner antwortete: ‚30 Euro!' – ‚Nein', sagte die Mutter, ‚ich meine: was du hast?' Sagte Hans-Werner: ‚20 Euro.' – ‚Nein', wendete sie erneut ein: ‚Was dir fehlt.' – ‚10 Euro!'

Ja, so war das mit dem Hans. Leider hatte Hans das Glück nicht für sich gepachtet. So ging er eines Tages auf die Jagd, um sie zu erlegen, die großen Rinder, die schweren Schweine und die flinken Hasen. Doch leider war Hans ein schlechter Läufer und fiel ständig über seine eigenen Beine. So musste er sich mit den Blättern am Wegesrand und den Nüssen von den Bäumen begnügen. Und so ist es bis heute. ‚Hans im Pech' nannten ihn seine Freunde. Hans war schon ein Lauch, als das Zeug noch Porree hieß. Böse Zungen fragten: „Was haben Hans und Karstadt gemeinsam?" – Beide sind pleite, aber Karstadt hat zumindest noch schicke Klamotten.

Auf dem Weg zu seinem Glück kam Hans an einem
Turm vorbei. Hoch oben wohnte eine Prinzessin.
Sie rief Hans von oben zu: ‚Hans! Hier bin ich!'
Hans antwortete: ‚Rapunzel lass dein Haar herab.'
Doch die erwiderte von oben: ‚Ich hab Extentions,
du Penner! Nimm die Treppe.' Das war Hans.

Schließlich traf er eine gute Fee. Sie war gar winziger
Gestalt, aber konnte gut kochen.

Hans-Werner: *Moment, du sprichst jetzt aber nicht von*
meiner Gertrud?

Alfred: *Nein! Natürlich nicht! Deine Gertrud kann ja*
nicht kochen!

Die Fee sprach: ‚Hans! Du hast drei Wünsche frei!'
Hans dachte nach und wünschte sich zuerst auf einer
Insel mit Palmen und Sonnenschein zu liegen. Pling!
Und schon lag Hans am schönsten Strand der Welt
mit Palmen und Sonnenschein. Als zweites wünschte
er sich, von knackigen, gut gebauten, einheimischen
Mädchen am Strand verwöhnt zu werden. Pling! Und
schon umgarnten Hans die drei heißesten Mädchen
der Insel.
‚Nun überlege gut', sprach die Fee. ‚Du hast nur noch
einen Wunsch frei.' Und so wünschte sich Hans nie
wieder zu arbeiten und nur noch erholsame Ruhe.
Tja, und so kam unser Hans also ins Passamt. Und
wenn er nicht gestorben ist, dann erholt er sich dort
noch heute …!

Hans-Werner: *Auch ich habe ein Märchen über dich geschrieben.*
Es heißt: ‚Das TAKTLOSE SCHNEIDERLEIN'.

Alfred:	*Ich und taktlos?*
Hans-Werner:	*Es war einmal ein junger Mann namens Alfred Clausen. Der kam am 17. März 1960 auf die Welt, im 12. Schwangerschaftsmonat.*
Alfred:	*Hab mir eben Zeit gelassen.*
Hans-Werner:	*Kaum hatte er mit fünf Jahren sprechen gelernt, sagte er zu seiner Mutter: ,Mama, dein Gesicht auf einer Briefmarke – und die Post geht pleite.' Fortan nannten sie Alfred das taktlose Schneiderlein.*

Es machte im Dorfe schnell die Runde, dass es immer sieben freche Sprüche auf einmal abfeuerte. So entstand auch sein berühmtestes Zitat: sieben auf einen Streich. Zu seiner künftigen Ehefrau Ella sagte das taktlose Schneiderlein kurz vor der Trauung: ,Wenn du im Sturm erobert werden möchtest, dann stell dich nach draußen in den Wind.' Wenn das taktlose Schneiderlein einmal ganz besonders taktvoll sein wollte, dann nannte es seine Ella etwas umständlich: ,du großer weißer Vogel ohne Schulabschluss', und meinte damit ganz einfach, ,du dumme Gans'.

An einem Geburtstag erzählte das taktlose Schneiderlein Alfred Clausen vor der gesamten Familie seinen Lieblingswitz: Ein Mann sitzt an der Bar und weint bitterlich. Der Kellner fragt ihn: ,Haben Sie Kummer?' ,Oh ja, meine Ehefrau hat mir gesagt, sie würde einen Monat kein Wort mehr mit mir reden.' Der Kellner legte tröstend die Hand auf die Schulter des

Mannes und sagte: ‚Das ist ja schrecklich.‘ ‚Oh ja‘, sagt der Mann, ‚heute ist der Monat um.‘

An diesem Abend stand die Schwiegermutter des taktlosen Schneiderleins aus Protest auf und wollte gerade den Festsaal verlassen, als das taktlose Schneiderlein ihr hinterherrief: ‚Der Unterschied zwischen dir und einem Joghurt ist, dass der Joghurt wenigstens Kultur hat!‘ Dass daraufhin auch der Rest der Festgesellschaft den Saal verließ, war dem taktlosen Schneiderlein nur recht. Denn es war nicht nur taktlos, sondern auch furchtbar geizig. Wenn es vom Arzt Rotlicht verordnet bekam, dann stellte es sich stundenlang an eine rote Ampel. Einmal hatte der Arzt ihm Seeluft verordnet, da stand es drei Stunden in einem Nordseerestaurant. Wenn das taktlose Schneiderlein einmal sterben sollte, dann wird es sich sicher nur zur Hälfte eingraben lassen, um selbst das Grab pflegen zu können.

Alfred:	*Das ist 'ne richtig gute Idee ...!*
Hans-Werner:	*Und weil aller guten Dinge immer drei sind, war das taktlose Schneiderlein nicht nur taktlos und geizig, sondern auch noch schrecklich faul.*
Alfred:	*Faul? Na hör mal, Hans-Werner, ich bin Championsleague!*
Hans-Werner:	*Ja, das stimmt – ein Champion im Liegen!*
Alfred:	*Komme ich neulich nach Hause und will mich auf meine faule Haut legen, da ist die doch tatsächlich einkaufen.*
Hans-Werner:	*Und die Moral von der Geschicht': Alfred ist wie er ist, und es juckt ihn nicht. Und wenn er nicht gestorben ist, dann faulenzt er noch heute.*

Allmählich entwickelten Baumann und Clausen eine gewisse Routine bei ihren Beschattungsaktionen. Es zahlte sich aus, dass Hans-Werner in seiner Jugend alle Kalle-Blomquist-Bücher gelesen hatte. Wie ein Schatten folgte er dem Bürgermeister auf seinem täglichen Rundgang durch sein Reich: erst ins Ordnungsamt, dann runter ins Passamt, danach ins Umweltamt und schließlich ins Bauamt. Er konnte bislang nichts Außergewöhnliches feststellen, auch als er sich mittags in der Kantine seinen Chefsalat bestellte, verhielt er sich völlig normal: Wie jeden Tag drohte er dem Koch, ihm die Gewerbeaufsicht auf den Hals zu hetzen, wegen dem welken Salat und den trockenen Schinkenstreifen. Nach dem Essen verschwand er für ungefähr zwei Stunden auf der Toilette für Führungskräfte. Leider konnte Hans-Werner ihm dahin nicht folgen, weil ... ja, weil er eben nur einfacher Passamtsmitarbeiter war und keinen Schlüssel besaß!

Als Bürgermeister Bollmeier nach einer halben Ewigkeit das stille Örtchen wieder verließ, wirkte er verändert. Er stolzierte nicht mehr wie ein eitler Pfau wie sonst. Nein, er schlich jetzt und dabei sah er sich unruhig nach allen Seiten um. Hans-Werner Baumann konnte sich gerade noch rechtzeitig hinter einer Palette mit Kopierpapier verstecken und beobachten, wie Bollmeier im Treppenhaus verschwand. Anscheinend wollte er in den Keller, wo sich das Rathaus-Archiv befand. Niemand außer unserem verkalkten Archivar Jörg Heinrich Drosemüller hatte diesen furchteinflößenden Ort jemals betreten. Was hatte er da unten vor? Hans-Werner konnte seine Neugier

kaum im Zaum halten und nahm auf Zehenspitzen die Ver-
folgung auf. Es war dunkel und stickig. Alles ging so weit gut,
doch auf dem allerletzten Treppenabsatz geriet HaWe unge-
schickt ins Straucheln und fiel mit lautem Gepolter direkt in
einen Metallcontainer mit geschredderten Akten. Das Blöde
am echten Leben ist, dass es keine Gefahrenmusik gibt, die
einen hätte warnen können.

Baumann kletterte sehr ungelenk aus dem Container. Mr. Bean
hätte daran seine wahre Freude gehabt. Langsam gewöhnten
sich seine Augen an die Dunkelheit. Er tastete sich durch das
düstere Labyrinth, aber Bollmeier schien sich in Luft aufgelöst
zu haben. Vor einer Tür mit der Aufschrift „Archiv Bauamt"
hielt er inne. Schweißperlen traten auf seine Stirn. Hans-Werner wollte gerade die Tür öffnen, da hörte er hinter sich ein
Geräusch. Er fuhr herum, doch es war zu spät. Eine dunkle
Gestalt, riesengroß und bärenstark, hatte sich bereits auf ihn
geworfen und in den Schwitzkasten genommen. Das Entset-
zen, das wie eine Urgewalt über Hans-Werner Baumann kam,
war nicht in Worte zu fassen. Unser Fuzzi konnte nicht einmal
schreien. Sein Gegner hatte die Tür zum Archiv aufgestoßen
und bugsierte ihn hinein. Jeder Widerstand war zwecklos,
seine Hände griffen immer wieder ins Leere. Kurz bevor die
schwere Eisentür hinter Hans-Werner ins Schloss fiel, gelang
es ihm seinem übermächtigen Kontrahenten etwas vom Re-
vers zu reißen. Dann wurde er ohnmächtig.

ANSCHISS IST DIE BESTE VERTEIDIGUNG

MIT EINEM Fernglas konnte Alfred Clausen beobachten, wie Gisela im Séparée vom Stadtcafé tatsächlich Arno Hofberg-Kalmen traf. Wie Backfisch mit Kroketten turtelte sie mit ihm herum, es war zum Fremdschämen. Und zum Überfluss schob sie dem Möbelheini auch noch einen Schuhkarton rüber. Alfred kombinierte messerscharf: Der Karton war gerade groß genug, um darin sein geliebtes Stempelkarussell zu verstecken. Als Hofberg-Kalmen ihr auch noch ein Bündel Geldscheine zusteckte, war der Fall wie gelöst. Gisela war das gesuchte Phantom. Mehr noch, sie steckte mit der Möbeldynastie unter einer Decke. Gemeinsam sägten sie an Bollmeiers Thron und damit leider auch an Alfred Clausens.

Auf dem Parkplatz hinter dem Stadtcafé nahm sich Alfred Gisela schließlich zur Brust. Anschiss ist die beste Verteidigung, dachte er sich wohl und verabreichte seiner ehemals geschätzten Freundin einen bunten Strauß derber Flüche. Das schien allerdings nicht die richtige Taktik zu sein, denn Gisela sah ihn nur verständnislos an. Als Alfred sie mit der erdrückenden Beweislage konfrontierte, nämlich, dass sie seiner Meinung nach das Phantom mit

dem Stempelkarussell sei, brach sie in schallendes Gelächter aus. Alfred war postwendend zur Salzsäure erstarrt.

Alfred: *Komm, komm, komm ... ich hatte einen vorübergehenden Blackout, mehr nicht!*

Mit heruntergefallener Kinnlade und weit aufgerissenen Augen stand Alfred vor seiner ehemaligen großen Liebe und bekam kein Wort mehr über die Lippen. Aber was hätte er in diesem Augenblick auch noch Sinnvolles sagen sollen – er hatte bereits alles Sinnvolle gesagt! Gisela dagegen wusste sehr genau, was sie erwidern sollte. ‚Alfred Clausen‘, fuhr sie ihren Amtsfreund an, ‚dich dämlich zu nennen, wäre eine Beleidigung für alle dummen Menschen‘.

Alfred: *Ich ignorierte diese Gehässigkeit und trieb Gisela weiter in die Enge, indem ich sie auf das Corpa ... Corpi ... Corpo ...*

Hans-Werner: *... Corpus Delicti ...*

Alfred: *... ja genau, genau diesen verdächtigen Schuhkarton ansprach. Da hatte sie aber schwer geschluckt. Ich wusste, ihr Geständnis würde nicht mehr lange auf sich warten lassen.*

Doch wir sind nun mal nicht bei Wünsch-Dir-Was, sondern bei Jetzt-Isses-So. Gisela hatte sich das Stempelkarussell leider nicht unter den Nagel gerissen. Die Wahrheit war, sie hatte über Wochen und Monate belastendes Material gegen Bollmeier zusammengetragen, um es den Möbelheinis zuzuspielen. Sie hatte sich tatsächlich kaufen lassen von denen. Mit einer Flugreise, mit einer neuen Schrankwand, mit ein paar Tausend Euro. Alfred war außer sich über diesen Verrat, aber ... na ja ... er hätte es für das Geld selber gern gemacht ...

SCHULDENMEISTER

WÄHREND ALFRED auf dem Parkplatz des Stadtcafés seinen kriminalistischen Unsinn weiter an der armen Gisela auslebte, kam Hans-Werner im Archivkeller langsam wieder zu sich. Bei dem kleinen Etwas, das er dem großen Unbekannten von der Jacke gerissen hatte, handelte es sich um einen runden Anstecker. Einen Fanbutton mit der Aufschrift: *I Love Roland Kaiser!* Baumann war fassungslos! Ausgerechnet Roland Kaiser! *(singt)* „Sieben Fässer Wein können manchmal die Rettung sein ...!" Blöder Text. Was hätte er jetzt mit sieben Fässern Wein anfangen sollen? Sich hemmungslos besaufen, um zu verdrängen, in was für einer prekären Lage er sich befand? Niemals, er hatte nur eine Chance. Er schrie um sein Leben. Leider wurde er nicht bemerkt. Warum auch? Gehörte doch der Pförtner des Rathauses zu den Menschen, die mit über 70 ihre Hörgeräte nur dann einschalten, wenn sie etwas hören wollen. Vielleicht hätte HaWe einfach ganz laut rufen müssen: „OPA, sind noch Kippen da" oder „Lust auf 'nen Schnäpschen?" Aber solche guten Ideen kommen einem ja immer erst dann, wenn es vorbei ist.

Spät am Abend, nachdem Hans-Werner Baumann jegliche Hoffnung aufgegeben hatte, jemals aus diesem feuchten Kerkerloch befreit zu werden, begann er zum Zeitvertreib ein wenig in den Akten zu stöbern. Bis zur Decke reichten die Stapel, fast drei Meter hoch. Eine Menge Papier, das sich im Laufe der Jahrzehnte im Bauamt angesammelt hatte. Heute könnte man das alles auf Mikrofilm verfilmen und in einer Schreibtischschublade ablegen, wenn man wollte. Im Rathaus von

Neddelhastedtfeld wollte das aber niemand, denn Papier war geduldig – ob Mikrofilme das auch sind? Darüber gibt es wohl noch keine ausreichenden Langzeitstudien. HaWe wühlte sich tapfer von Akte zu Akte. Bushaltehäuschen, Stromkästen, Doppelhäuser, Reihenhäuser, doppelte Reihenhäuser, Reihenhäuser, die keine Reihenhäuser waren, weil sie aus der Reihe tanzten, gigantische Staudämme, Hängebauchschweinezuchtbetriebe – das ganze bizarre Konglomerat von Bauanträgen, die Alfred aus den unterschiedlichsten Gründen, meistens jedoch ohne Grund, abgelehnt hatte, tat sich vor ihm auf.

Plötzlich war Baumann hellwach. Ein Schriftstück hatte seine besondere Aufmerksamkeit erregt. Genauer gesagt, ein Schuldschein aus dem Jahre 1988. Unterschrieben von Bürgermeister Bollmeier.

Er schaute genauer hin und nahm das Dokument so nah vor seine Nase, wie es eben nur ging. Hans-Werner konnte es nicht glauben. Bürgermeister Bollmeier schuldete Oberamtsrat Alfred Clausen 5.000 D-Mark oder umgerechnet 2489 Euro und 28,7349681 Cent. Baumann war plötzlich klar, dass er einem riesigen Skandal auf der Spur war.

SPÜRNASE GISELA

DASS HANS-WERNER Baumann noch immer nicht von seiner Erkundungstour zurückgekehrt war, bemerkte Alfred Clausen erst am nächsten Morgen, als er ihn zu einem ersten Käffchen einladen wollte. Herr Baumann sei „unbekannt verzogen", witzelten seine Kollegen aus dem Passamt, über deren Namen Alfred aus Gründen der DSGVO den Mantel des Schweigens breiten musste, die man aber ohne Weiteres Passamtfuzzi römisch II, III und IV nennen könnte. Typen, die einem nur dadurch auffallen, dass man heftig gähnen muss, wenn man an ihnen vorbeiläuft.

Alfred für seinen Teil machte sich erst mal auf den Weg runter in die Kantine und grübelte bis zur Mittagspause, was mit seinem besten Freund geschehen sein könnte. Mittlerweile hatte sich auch Gisela auf die Suche nach Hansi-Werner gemacht. Hatte wohl gehofft, dass sie mich irgendwie besänftigen oder gnädig stimmen könnte. Dabei setzte sie ihre berüchtigte Spürnase ein, mit der sie bestimmte Gerüche, wie Hans-Werners exzentrisches Rasierwasser, über mehr als hundert Meter exakt lokalisieren konnte. Dumm war nur, dass fast alle Männer im Rathaus – und sogar mehrere Frauen – dieses besondere Aftershave ‚Tobacco for men' benutzten. Ein Duft, der sogar Kakteen innerhalb weniger Minuten vertrocknen ließ. ‚Tobacco for men – der Erfolg liegt im Abstand!', lautet der treffende Slogan dieses Eau de Toilettes, das die Kollegen sehr gerne an Tagen mit Sprechstunde benutzen, um die Zahl der Antragsteller im Zaume zu halten. Viele bestellten gleich mehrere Kartons dieses aasigen Duftwässerchens, dessen Erfolg die völlige soziale Isolation bedeutete.

Auf jeden Fall schnüffelte sich Gisela einmal durch das ganze Rathaus von Neddelhastedtfeld. Vom Einwohnermeldeamt rüber ins Ordnungsamt, von da weiter ins Umweltamt, von da weiter ins Bauamt und schließlich in die Kantine. Hier wurde ihr unbestechlicher Zinken vorübergehend durch einen angebrannten Pichelsteiner Eintopf außer Kraft gesetzt. Doch bereits knapp zehn Minuten später konnte sie ihre Suche fortsetzen und landete tatsächlich im dunklen Keller vor der Tür des Bauamt-Archivs.

12 Uhr 38, Hans-Werner Baumann hatte die Hoffnung gerettet zu werden bereits aufgegeben und mit seinem einfachen Leben als Mitarbeiter des Passamtes abgeschlossen, als er plötzlich hörte, wie sich jemand von draußen an der Tür zu schaffen machte. Wieder rief er um Hilfe, doch seine Stimme war inzwischen so schwach, dass nur noch ein heiseres Röcheln seiner Kehle entwich. Vergeblich stemmte sich Gisela wuchtig ein ums andere Mal gegen die massive Tür, bis sie schließlich zufällig die Klinke berührte ... und die Tür wie von Geisterhand aufsprang. Sie war nie abgeschlossen gewesen. Hans-Werner glaubte seinen geschwollenen Augen nicht zu trauen, als er Gisela, immerhin eine der Hauptverdächtigen, vor sich im dunklen Kellergang stehen sah. Doch er war viel zu erschöpft, um sich darüber weitere Gedanken zu machen. Er fiel ihr erst mal überglücklich in die Arme ...

GLÜCK IM SPIEL, GELD FÜR DIE LIEBE

14 UHR 18, Alfred Clausen saß immer noch alleine in der Kantine und grübelte, wo Hans-Werner wohl abgeblieben sein könnte, da tauchte er plötzlich vor ihm auf. Im Schlepptau die Verräterin Gisela. Wirre, nicht zusammenhängende Satzfetzen sprudelten aus ihm heraus: von einem schwarzen Riesen, einem Schlagersänger, einem schrecklichen Martyrium, das er unten im Keller hatte durchmachen müssen. Alfred erkannte sofort, dass Hans-Werner kurz vor einem Nervenzusammenbruch, einem berüchtigten Bernhard stand ...

Hans-Werner: *BURN-OUT!*

... und dass er zunächst dringend Erste Hilfe benötigte. Zum allerersten Mal in seinem Leben gab Alfred ihm ein Käffchen aus!

Beiden Ermittlern war klar, dass Schmielkenbach aus dem Finanzamt nicht mehr als Verdächtiger infrage kam. Er war nie ein Fan von Roland Kaiser gewesen, sondern hatte stets Gunter Gabriel angehimmelt. Wie oft war er den Kollegen auf Weihnachtsfeiern oder Betriebsausflügen mit seiner Interpretation von „Hey Boss! Ich brauch mehr Geld!" auf die Nerven gegangen!? Auch Gisela schied definitiv aus. Sie schwärmte seit vielen Jahren für diesen Don Juan Howard Carpendale. Allerdings war Oberamtsrat Alfred Clausen nun an der Reihe Licht ins Dunkle zu bringen, was den dubiosen Schuldschein anging, den HaWe im Keller entdeckt hatte.

Bollmeier schuldete Alfred Clausen tatsächlich eine ordentliche Stange Geld. Das hatte was mit dem Spielcasino zu tun, das Alfred vor vielen Jahren nebenberuflich im Katasteramt am Laufen hatte und dessen bester Kunde der Bürgermeister war. Von Tag zu Tag verspielte er immer mehr Geld, das ihm nicht gehörte.

Sein Motto lautete: ‚*Hast du Glück im Spiel, hast du Geld für die Liebe!*' Leider hatte er aber überhaupt kein Glück. Im Gegenteil. Alfred hatte in seiner ganzen Karriere nie wieder jemanden getroffen, der beim Roulette so oft daneben lag wie Bollmeier. Am liebsten setzte er auf „Genehmigt", und ohne dass Alfred da viel machen musste, verlor er dabei in kürzester Zeit ein ziemlich großes Vermögen. Clausen war damals der Einzige, der in dieser schweren Zeit zu Bollmeier hielt. Nicht nur, dass er ihm mit Ellas Ersparnissen finanziell aus der Patsche half, er sorgte auch dafür, dass sein Laster nicht an die Öffentlichkeit gelangte.

Aber trotz alledem: Dass ausgerechnet der Bürgermeister das Phantom mit dem Stempelkarussell sein sollte, schien für Alfred Clausen nach wie vor völlig ausgeschlossen.

Nach einigem Hin und Her einigten sich Baumann und Clausen auf das weitere Vorgehen: Gisela wurde von Alfred kurzerhand zum Hilfssheriff ernannt und damit beauftragt, den Bürgermeister im Auge zu behalten. Baumann und Clausen wollten sich dagegen noch mal in den dunklen Keller wagen und den Koloss dingfest machen, der Hans-Werner hinterlistig ins Archiv gesperrt hatte. Irgendwo da unten musste er noch sein, da waren sich die beiden Ermittler sicher. Hans-Werner schlug vor, dass sie sich aufteilen sollten.

Alfred: *Gute Idee, dann können wir mehr Schaden anrichten!*

KELLERRAUM 56 B

DIE LUFT im Keller war feucht und stickig. Alfreds Stirn war klitschnass geschwitzt – das erste Mal seit über 30 Jahren. Echter Beamtenschweiß lief ihm über das Gesicht. So selten wie eine blaue Mauritius, so kostbar wie das Bernsteinzimmer, so schön wie ein Freitagvormittag ohne Schlange im Warteraum. Alfred bekam es mit der Angst zu tun. Wenn ihn so jemand sehen würde, wäre er verloren. Schweiß auf der Stirn eines Beamten im Rathaus, das wäre Verrat an den Kollegen. ,Iron Faulpelz' – wie stolz war er auf diese Auszeichnung gewesen. Würde ihn jetzt jemand sehen, er würde alles verlieren. Doch Alfreds Neugier war größer als seine Angst. Getrieben von einer inneren Macht hatten Baumann und Clausen nur das eine Ziel, jetzt endlich das Phantom mit dem Stempelkarussell zu stellen – wenn möglich noch vor Feierabend!

Ein kalter Schauer lief Alfred über den Rücken, direkt in seine weiße Feinrippunterhose hinein. Zwei Fledermäuse flatterten an ihm vorbei und tanzten im Licht der knisternden Fackeln. Alfred atmete tief durch. Fledermäuse sind seine liebsten Tiere. Sie haben tagsüber die Augen zu und sind auch sonst zu nichts zu gebrauchen. Und während seine Gedanken wieder und wieder um das listige Phantom kreisten, näherte er sich Kellerraum 56 B, im zweiten Untergeschoss des Rathauses von Neddelhastedtfeld: willkommen in der Hölle. Nur noch diese eine Tür, dann würde er ihm gegenüberstehen, dem Phantom mit dem Stempelkarussell. Nur hier konnte es sich die ganze Zeit über versteckt haben, nur Kellerraum 56 B hat Strom-, TV- und Wasseranschluss mit integrierter Whirlpoolwanne.

Alfred legte seine Hand auf die vergoldete Klinke, begann sie in Zeitlupe ganz langsam herunterzudrücken und … nickte ein. Mehr als 15 Minuten musste er wohl in dieser Haltung verbracht haben, als er plötzlich eine tapsige Hand auf seiner Schulter spürte. Ein noch grimmigerer Schauer lief ihm über den Rücken. Mutig drehte er sich um und sah vor sich die

Umrisse einer hässlichen, verwirrten, affenartigen Gestalt: „Verschwinde aus Neddelhastedtfeld, du Phantom!", schleuderte Alfred Clausen ihm entgegen. Erst am ausgewaschenen Karohemd erkannte er, es war Hans-Werner.

Hans-Werner drückte seinen Freund und Kollegen Alfred an seine Brust. Sein Gesicht war weiß wie die Wand, seine Stirn lag in tiefen Falten, und sein Atem ging kurz und stoßweise. Gemeinsam nahmen die beiden Käffchenbrüder im Geiste all ihren Mut zusammen und drückten die vergoldete Klinke von Raum 56 B ... Abgeschlossen. Das Phantom hatte anscheinend mitbekommen, dass sie ihm auf die Schliche gekommen waren. Was sollten sie tun? Aufgeben? Sollten sie akzeptieren, dass es in Neddelhastedtfeld fortan nie wieder einen abgelehnten Bauantrag geben würde? Schlagartig wurde es dunkel! Die Fackeln waren heruntergebrannt, und Alfred klammerte sich an Hans-Werner wie ein Orang-Utan-Baby an seine Mutter. Totenstille.

Alfred fühlte sich wohl an Hans-Werners karierter Brust sicher und geborgen. Diese Mischung aus zehn Prozent Baumwolle und 90 Prozent Polyester war es, die ihm so vertraut vorkam. Im Hintergrund hörte er ein leises mechanisches Wummern. Wie eine Dampflokomotive, die langsam auf beide zurollte.

DIE BLECHERNE KONKURRENZ

JETZT HÖRTE Hans-Werner ebenfalls den Lärm. Es war ein rhythmisches Stampfen, gepaart mit einem metallischen Rasseln, und es kam ganz eindeutig von unten. Alfred hatte inzwischen seine Taschenlampe angeknipst und machte sich mit seinem Schweizer Klappmesser über das Türschloss her.

Man muss wissen, dass Alfreds Messer eine Spezialanfertigung ist. Es verfügt nicht nur über eine große und kleine Klinge, einen Korkenzieher und eine Nagelfeile. Nein, es hat auch noch einen Locher, einen Tacker, einen integrierten Tesafilm-Abroller und einen Universaldietrich. Das perfekte Werkzeug für jeden Bürokraten. Im Handumdrehen hatte Alfred die Tür geöffnet.

Im Raum dahinter stießen Alfred und Hans-Werner auf eine baufällige Wendeltreppe. Wie nicht anders zu erwarten, war HaWe das Herz schon heftig in die Hose gerutscht. So musste der Oberamtsrat mal wieder zuerst gehen. Am Fuße der Treppe befand sich eine weitere, schwere Tür. Der Lärm war in der

Zwischenzeit geradezu ohrenbetäubend geworden. Beiden war klar, dass sie kurz vor einer epochalen Entdeckung standen. Die voraussichtlich historische Bedeutung lag schwer auf Alfreds Schultern, doch er machte auch mit dieser Tür kurzen Prozess.

Der Anblick, der sich Baumann und Clausen anschließend bot, sprengte bei Weitem das Vorstellungsvermögen der infantilen Beamten. Alfred musste gestehen, dass selbst ihm, einem mit allen Wassern gewaschenen Oberamtsrat, der sich nicht so leicht seinen Lolli aus dem Mund nehmen ließ, der Atem stockte. In dem hell erleuchteten Kellergewölbe, das, über den Daumen gepeilt, die Größe von zwei Fußballfeldern hatte, saß ein gutes Dutzend Roboter an einem Laufband und genehmigte wahllos jeden Bauantrag, der ihnen unter den Stempel kam.

Weitere Roboter eilten hinzu, die die fertigen Anträge in Briefumschläge eintüteten, eine Briefmarke drauf pappten und im Expresstempo zur Poststelle beförderten. Beiden Ermittlern verschlug es die Sprache.

In dem ganzen Durcheinander hörten beide eine Stimme. Die Stimme eines bekannten Mannes. Sie kam aus einem Lautsprecher und dirigierte den ganzen Ablauf. Das musste das Phantom sein, von dem seinerzeit der unbekannte Anrufer erzählt hatte. War es also doch keine Frau?

Wer steckte hinter diesem perfiden Sabotageakt? Logisch betrachtet konnte nur einer im Rathaus das Ziel haben, dass schnell und unbürokratisch entschieden wird: Bürgermeister Bollmeier, der Bürgermeister bleiben wollte.

Alfred weigerte sich zwar nach wie vor zu glauben, dass ihn sein alter Komplize so hinters Licht geführt hatte, aber so ganz konnte sich auch er nicht gegen das Gefühl wehren, dass Hans-Werner mit seiner Vermutung Recht zu behalten schien. Einen Beweis, dass Bollmeier das Phantom war, hatten sie dennoch nicht.

In diesem erschütternden Augenblick erspähte Alfred auf einmal sein geliebtes Stempelkarussell. Die Roboter hatten es unter sich aufgeteilt. Den Anblick konnte der Oberamtsrat einfach nicht ertragen. Spontan und unüberlegt stürzte sich Alfred Clausen in das mechanische Spektakel. Nicht ganz unabsichtlich löste er bei seinem energischen Versuch der blechernen Konkurrenz einen seiner Stempel zu entreißen, in einem wilden Durcheinander und Hin-und-Hergezerre einen elektro-mechanischen Blackout aus. Die chaotischen Folgen waren unübersehbar, und eine ganze Reihe von Kettenreaktionen und Detonationen folgten der intuitiven Aktion des

Oberamtsrates. Die Roboter fielen übereinander her, dunkler Rauch zog auf, und das Chaos war perfekt.

Um es kurz zu machen – Baumann und Clausen konnten sich gerade noch in Sicherheit bringen, bevor das unterirdische Gewölbe in Schutt und Asche verschwand.

SCHACHMATT FÜR DEN KÖNIG IM SPIEL

WIE DURCH ein Wunder schafften die beiden Ermittler es, dem Inferno zu entkommen. Alfred hatte es tatsächlich geschafft, das durch die Luft fliegende Stempelkarussell wie ein Zirkusakrobat zu greifen und in Hans-Werners Polypropylenrucksack in Sicherheit zu bringen.

Draußen auf dem Parkplatz vor dem Rathaus trafen sie auf Gisela. Gerade hatte sie ihr letztes 30-Euro-Knöllchen des Tages verteilt. Aus ihrer Umhängetasche zauberte sie eine rot glänzende Thermoskanne hervor und servierte Alfred und Hans-Werner erst einmal ein frisches schwarzes Parkplatzkäffchen. Freudestrahlend nahmen die zwei sich in die Arme.

Baumann und Clausen erholten sich von dem Schreck und beschlossen als letzte Amtshandlung das Auto von Bürgermeister Bollmeier genauer unter die Lupe zu nehmen. Ein beigefarbener Opel Admiral, Baujahr 1974. Das Lenkrad war mit Fellimitat überzogen, am Rückspiegel baumelte ein Stoffschweinchen, Beifahrersitz und Rückbank übersät mit Strafzetteln. Es schien also alles völlig normal. Kein einziger Beweis, der den Verdacht gegen Bollmeier erhärtet hätte. Alfred und Hans-Werner waren wieder kurz davor, die Flinte ins Korn zu werfen, als der Bauamtsleiter sich aus Versehen gegen die Tankklappe von Bollmeiers Karre lehnte, die daraufhin aufsprang.

Und tatsächlich. An der Innenseite war ein kleiner Aufkleber angebracht. So klein, dass Hans-Werner erst seine Brille aufsetzen musste, um entziffern zu können, was draufstand: „Roland-Kaiser-Fanclub-Neddelhastedtfeld".

In diesem Moment ging Alfred ein Licht auf. Jetzt war auch er von Bollmeiers Schuld überzeugt. Bollmeier war tatsächlich der große Unbekannte. Das Phantom mit dem Stempelkarussell, das alle so lange in Angst und Schrecken versetzt hatte. Er ganz allein steckte hinter dem heimtückischen Plan, sich als digitaler Visionär bei den Bürgern einzuschleimen und auf diese Weise die Wahlen zu gewinnen. Er, und nur er, hatte das Rathaus um den ersten Kaffeevollautomaten der Welt bestohlen, um an Geld zu kommen, nur er hat Hans-Werner überwältigt und ins Archiv gesperrt, damit seine krumme Tour mit dem unterirdischen Bauamt nicht aufflog.

Tränen stiegen Alfred Clausen in die Augen. Tränen der Enttäuschung, Tränen der Schwermut. Auch ein paar Tränen des Schmerzes, denn er hatte aus Versehen die Hand im Tankdeckel eingeklemmt.

Sein Freund Hans-Werner war gerade dabei, Alfred aus seiner misslichen Lage zu befreien, da sahen sie Bollmeier aus dem Rathaus kommen, verfolgt von einem Schwarm Journalisten. Nur mit Ach und Krach konnte er sich einen Weg zu seinem Auto bahnen, vor dem Hans-Werner und Alfred schon breit grinsend auf ihn warteten. Und als Baumann und Clausen dann auch noch gemeinsam den berühmten Roland-Kaiser-Hit „Schach matt" gesanglich anstimmten, dämmerte es auch dem Bürgermeister, dass sein letztes Stündlein geschlagen hatte. Die beiden Chefermittler konfrontierten ihn mit ihren umfassenden und aufwendigen Recherchen. Daraufhin nahm der Bürgermeister Reißaus und ward fortan nie wieder gesehen im schönen Neddelhastedtfeld. Und wenn er einstweilen nicht unter falschem Namen Bürgermeister einer deutschen Millionenstadt geworden ist, endet er mit an Sicherheit grenzender Wahrscheinlichkeit irgendwann einmal als Verkehrsminister in Berlin.

KÄFFCHEN GUT, ALLES GUT

NACHDEM ALFRED Clausen sein geliebtes Stempelkarussell, dank seines besten Freundes, wohlbehalten in sein Büro zurückgebracht hatte, machte er sich gleich an die Arbeit und setzte alle genehmigten Bauanträge der letzten Wochen außer Kraft.

Zufrieden konnte Alfred sich in seinen Sessel zurücklehnen: Sein guter Ruf war wiederhergestellt. Am Ende schaute auch noch Hans-Werner vorbei, den er nur noch auffordern musste, für die 2.500 Euro geradezustehen, die Bürgermeister Bollmeier dem Oberamtsrat noch schuldete. Nach dem Motto: Auf die paar Schulden mehr oder weniger kommt es beim Passamtfuzzi Hans-Werner Baumann jetzt auch nicht mehr an. Was für ein Tag ... Darauf ein dringendes Besprechungskäffchen?

Clausen: *BINGO!!!*

ARBEIT ist das falsche Leben

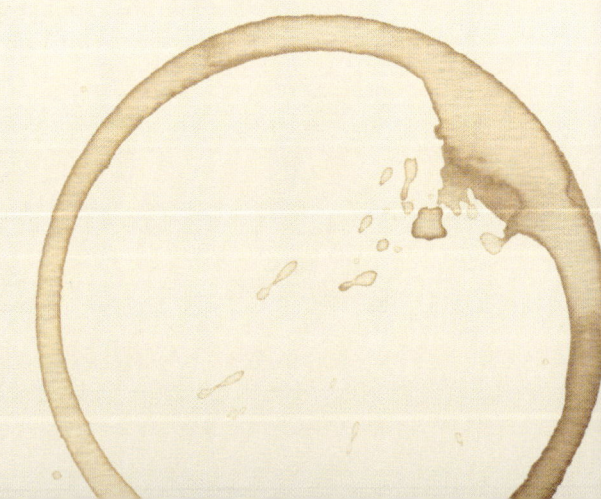

Obwohl das Büro kein Ort der Taten ist, kann es gleichzeitig ein echter Tatort sein, das hat dieser nervenaufreibende Krimi eindrücklich bewiesen. Außerdem ist er das weltweit einzige von Baumann & Clausen genehmigte Dokument, bei dem es erlaubt ist, ins Schwitzen zu kommen. Wem bis jetzt noch keine Schweißperlen von der Stirn getropft sind, der darf sich gerne an den folgenden Aufgaben versuchen, die eigens durch Alfred und Hans-Werner geprüft und behördlich abgesegnet wurden. Danach wird es dann aber natürlich sofort Zeit für ein richtig leckeres Belohnungskäffchen – BINGO!

Nimm das Stempelkissen und setze lauter Vögel auf die Leitung, indem du mit dem Daumen oder einem anderen Körperteil* die Vogelkörper stempelst. Mit einem Stift kannst du den Vögeln nun Schnäbel, Federn oder Flügel malen.

* Obacht bei der Auswahl des Körperteils. An manchen Körperbereichen können blaue Flecken zu Erklärungsnot führen.

FRUST WEGEN KOHLE

BIST DU EIN PLEITEGEIER?
MACHE DEN CHECK!

○ Deine Kinder geben dir ihr Taschengeld zurück

○ Du trägst deinen Konfirmandenanzug auf

○ Du verdienst weniger als HaWe Baumann

○ Du machst für Geld jede Medikamentenstudie mit

○ Du beantragst Hartz IV bei Monopoly

○ Dir wurde schon vier Mal der Pleitegeier-Song
vorgesungen

○ Du verfeinerst dein Müsli mit den Krümeln aus
deiner Tastatur

○ Deine Winterreifen haben schon drei Sommer gesehen

○ Selbst das Käffchen aus dem Automaten ist dir
zu teuer

○ Du bist per Du mit dem Schuldnerberater

○ Du setzt dich auf dein Butterbrot, um zumindest einmal am Tag eine warme Mahlzeit zu bekommen

○ Du trägst die Anprobe-Socken aus dem Schuhgeschäft auf

DU HAST ÖFTER ALS VIER MAL DEIN HÄKCHEN GESETZT? HÖCHSTE ZEIT FÜR EIN GEHALTSGESPRÄCH, EINEN LOTTOGEWINN ODER EIN KRIMINELLES NEBENGESCHÄFT!

KÄFFCHEN-BINGO

Nimm dieses Bingo mit zum Meeting, und jedes Mal, wenn im Meeting eines der Worte aus der Tabelle fällt, kreist du es ein. Sobald fünf Markierungen horizontal, vertikal oder diagonal zusammen eine Linie ergeben, hast du gewonnen!

SPRINGE IN DIE LUFT UND RUFE LAUT „BINGO"!

ASAP	alternativ-los	Realitäts-verweigerer	Main-stream	suboptimal
Gutmensch	betriebsrats-verseucht	Rentner-demokratie	Ich brauche Ihnen nicht zu sagen ...	klima-neutral
Neid-debatte	24/7	Da bin ich bei Ihnen	Human-kapital	alternative Fakten
Angebots-optimierung	Abweichler	Ich-AG	Gewinn-warnung	Prio 1
Yes, we can	Vollzugs-defizit	am Ende des Tages	Ich wiederhole mich ...	nach-schärfen

WELCHER BÜRO-TYP BIST DU?

WORAN ERKENNT MAN DEINEN ARBEITSPLATZ?

○ An den vielen Kaffeetassen und den Krümeln in der Tastatur

○ Daran, dass sich hier die meisten Kollegen zum Schnacken treffen

○ An der Ü-Ei-Figuren-Sammlung auf dem Bildschirm

WANN ERSCHEINST DU IM BÜRO?

○ Ich sag mal so: Der späte Wurm überlebt!

○ Selbstverständlich noch vor Arbeitsbeginn, um als Erster die
Tageskarte der Kantine auswendig zu lernen

○ Nach drei sehr starken Käffchen und zwei Leberwurstbroten

WENN MAN LANGE GENUG AUFSCHIEBT, WAS MAN EIGENTLICH ZU TUN HAT, STEIGEN DIE CHANCEN SIGNIFIKANT, ES NIE TUN ZU MÜSSEN.

DIE MITTAGSPAUSE IST FÜR MICH ...

○ Zeit zum gepflegten Plausch mit den Kollegen

○ nach 30 Minuten vorbei

○ die beste Form mit dem ganzen Büro-Wahnsinn fertig zu werden

WO SIEHST DU DICH IN FÜNF JAHREN?

○ Schwimmend in meinem Geldspeicher im Westflügel

○ Fünf Jahre? Ich bin froh, wenn ich das nächste Meeting mit meinem Chef überlebe!

○ Im Garten, mit einem kritischen Blick auf die Nachbarn

MEIN VORGESETZTER IST ...

○ mein großes Vorbild in Sachen „souveränes Auftreten bei völliger Ahnungslosigkeit"

○ wie ein Vater für mich. Ach, verdammt ... er ist mein Vater

○ meine rechte Hand

Überwiegend blau: Mit deiner gesunden Work-Life-Balance (80 % Life, 10 % Work, 10 % Balance) nimmst du den Arbeitsalltag nicht allzu ernst und bist durch deine besondere Beziehung zu deinem Vorgesetzten sozusagen unkündbar.

Überwiegend orange: Du bist ein geselliger und sehr geschätzter Kollege mit Entertainer-Qualitäten. Deine Insiderinformationen über die Machenschaften des Betriebs sind Gold wert, das lässt du dir selbstverständlich auch bezahlen.

Überwiegend grün: Dir kann niemand das Wasser reichen, eine deftige Leberwurststulle oder einen starken Kaffee aber jederzeit und sehr gerne. Mit deinem Ehrgeiz und deinen Visionen wirst du es noch bis ganz nach oben schaffen.

DEINE TAGE SIND GEZÄHLT

Du sitzt auf Arbeit fest, aber bald hast du Ausgang in Form von
Urlaub!

MACH FÜR JEDEN TAG, DEN DU
BIS ZUM URLAUB ARBEITEN MUSST,
EINEN STRICH AUF DIE SEITE!

Käffchen immer!

Arbeit nimmer!

„Es kann nur einen
Oberamtsrat geben!"

DEUTSCH - CHEF

Chef sagt: *Guten Morgen, liebe Kolleginnen und Kollegen.*

Chef meint: *Ihr faulen Säcke, heute treib ich euch den Schweiß auf die Stirn.*

Chef sagt: *Bitte Urlaub einreichen.*

Chef meint: *Wer tatsächlich Urlaub einreicht, wird gefeuert.*

Chef sagt: *Dieses Jahr gibt es kein Weihnachtsgeld.*

Chef meint: *Wir mussten es streichen, damit ich die Tantieme einsacken kann.*

Chef sagt: *Heute feiern wir das 40. Jubiläum von unserem Dienstältesten Johannes und danken ihm für seinen unermüdlichen Einsatz.*

Chef meint: *Ich kanns kaum abwarten, bis der senile Sack in Rente ist.*

Chef sagt: *Arbeit macht Spaß.*

Chef meint: *Ihr arbeitet, ich kassiere.*

CHEF - DEUTSCH

Chef sagt:	*Ich mache heute Überstunden.*
Chef meint:	*Ich gehe mit der neuen Praktikantin essen.*

Chef sagt:	*Schaut her – ich habe nur einen Smart als Dienstwagen gekauft.*
Chef meint:	*Ihr Deppen, der Porsche steht zu Hause in der Garage.*

Chef sagt:	*Mehr Gehalt für alle.*
Chef meint:	*Dafür müsst ihr zukünftig für Toilette und Käffchen bezahlen.*

Chef sagt:	*Keine Affären im Büro.*
Chef meint:	*Ich darf das.*

Chef sagt:	*Diesen Monat kommt das Gehalt sieben Tage später.*
Chef meint:	*Die Karibik-Kreuzfahrt mit meiner Frau war einfach extrem teuer.*

HIERARCHIE SCHLÄGT WISSEN

GLÜCKSKEKSE FÜRS BÜRO

Backe einen Glückskeks und hinterlasse deinem Chef, den Kollegen oder dem Hausmeister eine anonyme Nachricht.

DIE PAUSE HAT IMMER RECHT!

PAUSE IST NICHT DIE ANWESENHEIT, SONDERN DIE KONTROLLE VON ARBEIT

ES KANN NUR EINEN OBERAMTSRAT GEBEN

DIE TOLERANZ WÄCHST MIT DER ENTFERNUNG ZUR AKTE

KÄFFCHEN IMMER! ARBEIT NIMMER!

HEUTE IN MICH GEGANGEN – DA IST AUCH NICHTS LOS!

ÜBERLEGE, WIE FAUL ICH HEUTE BIN. ABER NIE LANGE.

ARBEIT IST DAS FALSCHE LEBEN

REZEPT FÜR GLÜCKSKEKSE

50 g Butter
3 Eiweiß
60 g Puderzucker
60 g Mehl
1 Prise Salz

Botschaften für Glückskekse vorbereiten und bereitlegen.

Butter in einem Topf zergehen und abkühlen lassen. Eiweiß steif
und schaumig aufschlagen. Puderzucker zur Butter sieben und gut
verrühren. Mehl und Salz ebenfalls hineinsieben und verrühren.
Eischnee unterheben. Auf einem Backpapier etwa 8 cm große Kreise
aufmalen. Jeweils einen Teelöffel Teig auf einen Kreis geben und bis
zu den Rändern glatt streichen.
Immer nur 3 Teigkreise auf
einmal backen, da man den
Teig sehr schnell falten
muss, bevor er reißt.

Ofen auf 180 Grad
(Umluft: 160 Grad)
vorheizen und dann für
ca. 5 Minuten backen.

KAFFEE KUNST

Du hast schon wieder das braune Lebenselixier, das flüssige Gold, die Liebe aus Bohnen verschüttet? Schlimm genug!

NUN MACH WAS DRAUS!

DER STEMPEL DER MACHT ...

Was wäre, wenn dir der Stempel für Bauanträge in die Hände gekommen wäre? Welche Bauanträge würdest du genehmigen und welche unbedingt verhindern?

Diesen Bauantrag würde ich durchwinken:

....

Antrag stattgegeben, weil:

....

Das Gebäude sollte hier stehen:

....

Und so würde es aussehen:

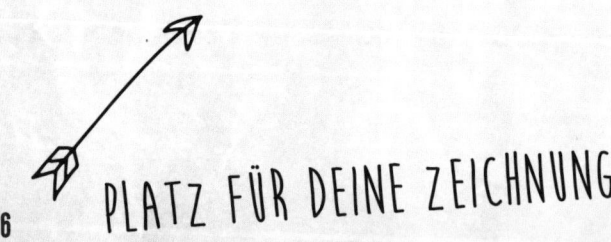

PLATZ FÜR DEINE ZEICHNUNG

Diesen Bauantrag würde ich verhindern:

....

Antrag abgelehnt, weil:

....

Das Gebäude sollte hier niemals stehen:

....

Weil es so aussehen würde:

PLATZ FÜR DEINE ZEICHNUNG

KÄFFCHEN UNSER

Käffchen unser im Himmel.

Geheiligt werde dein Aroma.

Deine Bohne komme.

Dein Geschmack geschehe,

wie im Büro so zu Hause.

Unsere tägliche Kanne gib uns heute,

und vergib uns unser Verschütten,

wie auch wir vergeben dem Kleckernden.

Und führe uns nicht in Versuchung,

sondern erlöse uns von der Teekanne,

denn dein ist der Saft mit der Kraft

und die Herrlichkeit zur Käffchenzeit.

Bingo!

VERFASSE
DEIN EIGENES
KÄFFCHEN UNSER!

119

DIE AUTOREN

Hans-Werner Baumann und Alfred Clausen sind die zwei Meister der Bürokratie, die mit ihrer Haltung zur Arbeit – es lebe die Pause! – deutschlandweit und jeden Werktag mit ihrer Radio-Comedy auf Sendung gehen. Und das auf derweil 22 Sendern in der Bundesrepublik.

Die zwei käffchentrinkfreudigen Herren werden dargestellt von Jens Lehrich und Frank Bremser, und das tagesaktuell und selbst verfasst in bisher über 7.500 Folgen. Außerdem touren die beiden auch mit ihrer Baumann-und-Clausen-Bühnen-Show durch ihre Sendegebiete.

DER ILLUSTRATOR

Volker Sponholz lebt in Kiel, liebt das Zeichnen und mag den Kaffee schwarz.